インバウンド対策　完全マニュアル

高橋フィデル

序章

まだ、インバウンドという言葉すら無かった時代。筆者が大学院に進学してイベント業を本格的に研究する以前の話。

アメリカ留学から帰国し、関西の大手旅行会社に就職した。

当時は修学旅行や企業の海外旅行が盛んで、パッケージツアーで添乗員として海外に飛び出すことに憧れる人が多かった。

そんな中、配属されたのは「大阪外国人旅行センター」だった。

「これからどんどん海外に添乗に行くぞ」と燃えていた時、最初に言われた言葉が「海外添乗に憧れているなら諦めてくれ」というものであった。確かに、仕ことは毎日のように京都や奈良への外国人客の出迎えだった。これが、インバウンドとの最初の出会いだった。

当時、某私鉄系旅行会社から新人の筆者に与えられた業務は、営業回りでもなく添乗でもなく、支店の予算を何倍も上回る赤字を垂れ流していた京都・奈良のツアーバスの運行責任者。「えっ、新人が？」と思うかもしれないが、それが当

時の時代の風潮であり、誰もが触れたくない膨大な赤字が新人の業務になるという恐ろしい慣例があったのだ。膨大な赤字が最初にあたえられるわけだから誰もが触れたくない。そしてそれは例年新人の業務になっているという恐ろしい慣例であった。

　ただ、この業務は本人の成績に反映されなかったため、通常業務の合間にやってくれということだった。まさしく会社のブラックボックスのようなものであり、インバウンドはそのような扱いであった。

　今や、インバウンドは時代の花形となり、MICE（国際会議やイベント）にもそのテクニックが生かされ、精鋭が担当する業務として知られるようになった。

　入社して数日しか経たない人間が統括責任者になるなんて、今では考えられないことである。

　バスは親会社の私鉄バスを利用し、通訳ガイドをまとめたり、学生アルバイトの組織を作ったり、現在のインバウンドの基本が全てそこにあった。

　まずは損益分岐点を見てみた。座席数が44席のバスに36人以上乗せないと黒字にならないという設定。それも料金はアメリカからの指示で固定。さらに休日だけでなく毎日運行。

誰もが見放したくなる燦燦たる状況だった。さらに集客をホテルに頼っており、そのわずかな収益からホテルにコミッションを払うという暴挙。通訳はランチの土産物屋からのリベート狙いでやたら長時間ランチ滞在。

数多くの改革を提案し、会社に戻っても赤字が減るだけの作業には評価がゼロであった。それどころか一緒に入った同期の女性がどんどん活躍して成績を伸ばしインバウンドを続ければ未来が閉ざされる所まで来ていたことを思い出す。

そんな時に通訳ガイドで著者を見守ってくれていた愛ちゃんと言われていた年輩の女性の「フィデルさん、皆挫折していったのは営業成績にならないから。自分の評価を捨ててここまでしてくれてありがとう」。その一言で社内での立場を全て捨ててインバウンドを知ろうと突き進んだ。

良くインバウンドとはと出てくるが、旅行会社の立場・ホテルの立場・レストランの立場などそれぞれの立場からの見方がある。実際にはインバウンドを知るのは日本側の受け手側（日本側）の立場だけで考えるのではダメであり、送りだす側（海外側）の事情から、そこにいたるまでの世界の動きまでを理解しなくてはいけない。さらには金融の知識である為替や通貨の支払などの知識までが必要となる。そして皆さんに知ってもらいたいのは日本の常識は非常識になることが

あるということ。

海外留学から帰ってきた人がインバウンドビジネを始めようと手を出すことも多いが、今度は日本文化と個別業者のそれぞれの利害やしがらみなどを知らずにつぶされ消えていく例を多く見た。

利害が絡む市場なので既得権益者が権利を守ろうと新しい参入者をはじきがちであるということも知らなくてはならない。

このような複雑な状況の中で試行錯誤を繰り返しながら、この業界の知識と日本流インバウンドを学び実践していった。

結果、気が付けば数年で大幅な赤字黒字に転換することができただけでなく、多くのインバウンドのノウハウを得ることができた。

さらに言うならばインバウンドで得たノウハウをイベントでも生かして、本業の方においても稼ぎ頭として社内でも何度も表彰された。

この時にインバウンド力がＭＩＣＥに生きるのを実践した。

その後、当時の副社長の猛烈な引き止めを振りきり、大学院に戻り研究を続けることとなった。ＭＩＣＥの専門家にもなった今も当時の奮闘ぶりは懐かしく思う。そこには海外で生まれて日本で育った生き方もかなり役に立っていると思

う。

そのような生きた情報の中で、インバウンド新時代に相応しい今後の在り方を皆さんに伝えていきたい。ここまでがインバウンドの第一ステージだ。

順調に育ってきた、インバウンド市場だが、2019年にコロナが襲ってきた。インバウンドというのは国内需要でなく海外から日本に来日することでスタートするので時の経済政策や、環境の変化に大きく左右されやすい側面がある。

インバウンドの基本的な運営全般を学ぶだけでなく、このリスクマネジメントについて理解を深めないと本当の意味のインバウンド運営ではなくなった。だから新時代のインバウンドを知るにはインバウンドの本質を分析して知ることも必要となってきた。

インバウンドは生き物である。それを自分の中でどのように生かすかということがとても大事だということである。

それは順調にインバウンドが成長している最中に起きた。

2011年に起こった東日本大震災の影響もあり、その後の観光政策の推進によって、日本におけるインバウンド観光客の数は年々増加していった。以下に、日本におけるインバウンド観光客の推移を示す。

政府の推奨する10ミリオン計画は２０１３年にはクリヤーして２０１９年には３０００万人を超えることとなった

２０１１年：６２１９０００人
２０１２年：８３６２０００人
２０１３年：１０３６３０００人
２０１４年：１３４１３０００人
２０１５年：１９７３７０００人
２０１６年：２４０３９０００人
２０１７年：２８６９００００人
２０１８年：３１１９１０００人
２０１９年：３１８８００００人

そこで、コロナが急襲した。２０２０年は新型コロナウイルスの影響により、日本におけるインバウンド観光客の数は激減した。

２０２０年：４１１１０００人

渡航が制限されているのだから物理的に致し方ないことではある。だがインバウンドを漫然と運営していた関連業者は軒並み倒産し、街には閑古鳥が鳴いた。

政府は観光業者の苦境を知り「ＧＯ ＴＯ トラベル」という施策を打ち出した。

「ＧＯ ＴＯ トラベル」は、新型コロナウイルス感染拡大の影響で減少した観光需要を喚起し、地域経済を支援するために、日本国政府が２０２０年７月から２０２１年６月までの期間限定で実施した観光支援キャンペーンだ。だが内需は平日には及ばないことや、近場にしか行かない、金を使わないなどの行き詰まりが見られた。旅行代金の一部を補助することで、国内旅行の需要を喚起し、地域経済の活性化を図ったこのキャンペーンにより一時は国内旅行需要は回復し、観光業界に一定の効果をもたらした。しかし、完全な光は刺さなかった。

今、インバウンドが劇的に回復基調だ。その今だからこそインバウンドの本質から学ぶ必要が出てきた。大波が来てから騒ぐのでは、何も解決しない。

そしてインバウンドの本質というのは、「インバウンドとは料理である」と理解しなくてはならない。コロナ前のインバウンドは素材作りにしか力を入れていなかった。つまり良い米を作る、良いミカンを作る。一次産業のようなインバウンドであった。そしてコロナで、コロナ下でも続くインバウンドやＭＩＣＥ、コロナで消えるインバウンドなどを知る。つまり、インバウンドには様々な種類や性格があるということを初めて日本は知ることになる。それは国民性だけでな

く、その来日の目的や性格、来日資格なども含めて千差万別あることを知る。知るのが遅すぎて多くのインバウンド業者は潰れた。

本来は料理のように素材を季節ごとの選び、夏には夏の素材を使い、ない素材は代替品を使うような柔軟性が必須というのを知らねばならない。

調理には料理方法が大事になってくるし、保存する技術も身につくようになる。

コロナを経験して、素材勝負の時代から料理する時代に変わったのに気が付かねばならない。そしてそのためのインバウンドの読本なのである。

読者の皆さんが良いシェフになるように祈念申し上げます

高橋フィデル

CONTENTS

第1章　インバウンドを知る

まずインバウンドを歴史から知る

コロナで大打撃を受け、インバウンドの注目度が高まってきている。

理由は簡単で、円安の時代に突入して海外の人が押し寄せ、日本に来やすくなった。つまり単純に大幅な値引きになっている。そのインパクトの凄さは日本国内で生きているだけではわからない。加えてコロナが5類に引き下げられたことで危機感が薄れた。インバウンドは雰囲気に左右されやすい。

よって、２０２３年１月の月別訪日外国人の推移は１４９万8千３００人と激増し前年比は８３２７・９％となった。そこでまた世間はインバウンドへの注目度を上げたわけだが、すでに冒頭でも伝えたように素材で料理を語る時代は終わった。これからはその素材を吟味しなければ、生き残ることも稼ぐこともできない。

インバウンドは生き物であり、周りの環境によって大きく伸びるし、収縮していく。このインバウンドの特徴を知らないと、また感染症などが蔓延したときにインバウンドがピタリと止んだあの恐慌が吹き荒れることになる。

だからと言って、インバウンドは避けて怖がるものではない。大きな恩恵をコロナ前は日本中で受けていたことをまだ忘れてはいけない。

大阪や、東京などでは見渡す限り英語、韓国語、中国語が飛び交い、商品は飛ぶように売れた。爆買いという言葉も定着したように驚くようなスピードで物が大量に売れていく。まるでイナゴの大群が通り過ぎるかのごとくである。物だけでなく、北海道の原野から山梨の空き家まで、日本人が価値を見出さないものですら売れて現金化していった。

インバウンドの流れは決して消費の世界だけでなく、決済方法がカードからPayPayやQUICPayなどの電子決済への世界を促進させた。その理由は、世界から押し寄せる顧客が現金決済を望まないからである。

インバウンドは商習慣すら進化させてきた。かつて日本人は中国を見て、偽札が多いので気の毒だと自分達の紙幣の質を誇っていた。だが偽札が多いが故に中国では電子決済が進化して、今や屋台ですらバーコードで支払う決済大国となり、日本は遅れた国として見下されている感もある。進化は不便なところから大幅に進む。このようにインバウンドが進化を後押ししてくれることも忘れてはいけない。

もしインバウンドが無かったら、文化的な進化すら停滞したのである。

お金、文化、価値観、世界のトレンドが押し寄せる。もちろん良いことばかりではない、売春婦や犯罪者などもそこには漏れなくついてくる。

何かに似ていないだろうか、そう、かつての江戸時代だ。

当時の日本には多くの藩が有った。ある藩は藩内の消費だけで完結した。徳川の親藩に、そのような藩が多かった。そして徳川家から疎んじられた外様の藩であった薩摩や長州は積極的に海外から物資や情報を取り入れた。土佐藩は徳川家の親藩であったが、江戸からの遠さや四国ならではの不便さ、上士や下士といった複雑な藩内の状況があったから下士たちが海外へ目を向ける下地ができた。結果、大きな波を自ら飲み込んでいき、明治維新が起きた。

今、インバウンドをきちんとハンドリングできなければ、内向きだけで乗り切ることができたとしてもいずれは大きな潮流に乗り切れずに淘汰される側になる。

インバウンドはクロスカルチャー（異文化交流）による進化を助けてくれるツールなのである。そして、インバウンドの全容を知るには、インバウンドの歴史をまずひもとく必要がある。

歴史をまず学ぶことで、インバウンドという料理を調理するにはどのような調理器具があり、それはなぜできたのか、目的は何か、結果はどうなっていったかがわかる。歴史の良いところは失敗も多くあるので学ぶというより反面教師である部分も知れることである。

さて、それではインバウンドの歴史を知ろう

明治維新の前からそれは始まる。

おもてなしの文化の創成期である。

このおもてなし文化の始まりが今のインバウンドの礎になっている。それはお伊勢参り、富士講、朝鮮通信使、参勤交代である。

この4つの大きな動きが中世日本に存在したことがおもてなし文化を創成した。各宿場町が趣向を凝らすという町がおもてなしで競い合う日本のベースができてきた。加えて、5つ目の要素として、おもてなし文化に拍車をかけたのが、各地における祭り好きな文化、おそらく縄文時代からの名残が日本の大きな特徴となり市町村が競うように祭りという名前のコンテンツを作りだし、おもてなしの要素を広げた。

大きな動きは、民間から自然に起きる場合と官制としてお上から起こる場合がある。日本の場合の

最初の４要素は官制であり、祭りは民間発祥となる特殊な発展をした町発信、民間で育つおもてなしとなる。

始まりは幕府、つまりお上から降りてきた。

最初に整備されたのが、各地の宿場町で、それは参勤交代という制度から始まった。

徳川幕府は徳川将軍家による中央集権を維持するために全国諸藩の大名を1年おきに江戸に住まわせて監視下に置くとともに、江戸と藩との往来や二拠点生活に要する莫大な経済的負担により藩財政を消耗させる狙いであった。

東海道、中山道、日光街道、奥州街道、甲州街道の五街道を始めとした諸街道はそのために造られた。とりわけ東海道は参勤交代のメインルートとして１４６藩が通ったと言われ、奥州街道が37藩、中山道30藩と続く。

参勤交代のプラスの影響としては、街道沿いに宿場町が栄え、江戸も人口増で賑わったほか、江戸の文化が全国に広まり、逆に地方の言葉や文化・風俗などが江戸に入り、相互に影響を及ぼした。ただ、やはり国策であるがゆえに宿も参勤交代がある時期だけしか賑わうことがないことで維持することがかなり厳しかったであろうと推測する。そのため徳川幕府は宿場町を維持するために伊勢参りや富士講を認める方向に舵を切ったのではないかと推測に難くない。これをさらに支えたのが当時世界トップレベルだった庶民の識字率・教育水準が挙げられる。おもてなし文化を進めるにはやはりある程度の教育水準の熟成があってのことである。

参勤交代の規模はすさまじく、全国２５０以上ある大名家が2年ごとに江戸に参勤し、1年経ったら自分の領地へ引き上げる交代を行う制度で大名行列の規模もさまざまだった。数十人規模を連れるだけの参勤交代もあれば、数千人規模のものもあった。

日本最大の大名だった加賀前田家・百万石ともなると、行列の規模は最盛期で４０００人にもなったという。大名も家の格を誇示したいので無理をした。

それでも宿場町からすれば、不定期に訪れる侍の集団のために維持するのは大変であった。宿代においても支配階級であった侍から宿代の交渉というのはかなり厳しいものがあり、言い値であったことは想像に難くない。

そして不定期に、主に将軍が交代した時期に来るのが朝鮮通信使であり、これは各藩の財政を逼迫させたというから相当な規模であった。

通信使は５００名程度であるが、護衛の各藩の兵士が１５００名程度で２０００名という規模は当時の宿場では修羅場が起きていたことが間違いない。

朝鮮通信使の受け入れは国家の面子もかかわっていたので、宿場町を維持する仕組みを幕府は頭を痛めていた。そこに出てきたのが伊勢参り、富士講である。

参勤交代や通信使の隙間を埋めて、宿場町を維持し、さらに民が民からお代をもらうことで、値段やサービスについて向上させることがかなったのである。これは侍が使わない時を民間に開放したのがお伊勢参り、そこから波状したのが各地の講である。その中でも富士講などは特に有名である。

余談ではあるが、薩摩や長州の外様藩では朝鮮通信使とのインバウンド取り扱いに相当苦労して、文化の違いによるわがままさや、下女を孕《はら》まされたりなどのうっ憤もあり、後の征韓論につながっていったと一説には言われている。このようにインバウンド創成期には様々な出来事があったのであろう。

そしていよいよお上からのお達しで民にお伊勢参りが解禁となり、日本の大旅行時代が始まったのである。

お伊勢参りは民間の資金が日本中に流通するのを助けた。経済の進化を促進させたと同時に、おもてなし文化というサービス競争を各宿場町、宿、町に意識させるきっかけとなった。この頃からプロモーションと言う考え方が進化していく。

従来までは競争というのが起こりえなかった。侍達や通信使は嵐のように大量に来て、お金を相手の指値で払って出ていく。ところが民へと解禁になった。そうなると宿同士が民間をどのように泊めるかを争わねばならなくなった。さらには比較的近い宿にとってみれば宿同士の争いが起きる。旅人からするとどちらに泊まっても行程的にあまり変わらないからである。

国の魅力は、個々の文化的な素地に加えて、競争力のあるサービスの存在が必須である。実は中世日本において素地がこのように育成されていった。ともすれば鎖国時代であるからサービスの発展が途絶えていたと思いがちであるが、大旅行時代の訪れが江戸時代にあったことがインバウンドの大きな素地になっている。

そもそも各宿場町においては自分の宿を知ってもらうことが大切であり、一度泊まってくれた客はリピーターとして大事にすることを覚えた。

宿によっては食事を売りにしたり、温泉を売りにしたりしたところもあった。もちろん飯盛り女を売りにした宿もあった。そこでは遊郭には高すぎて行けない人達を相手にして性を売り物にしていた。飯盛女の揚代は、夜は四百文、昼は六百文が一般的で、手軽だった。

お伊勢参りから帰ってきた人がその楽しさを村に伝えることで、口コミで旅の良さがどんどん広がった。決して性ビジネスを正当化するわけではないが、インターネットの創成期にも拡大の礎として性ビジネスがあったように、おもてなし文化には清濁併せて育つことでコンテンツとなっていく過程があったのである。

庶民は旅行が楽しいことを知ってしまった。そうなると民は戻ることはない。その流れで関東を中心に新たな動きとして富士講が発展していった。これは非日常への誘いである。

富士講の場合は一般に地域社会や村落共同体の代参講としての性格を持っており、富士山への各登山口には御師《おし》の集落が作られた。

関東を中心に各地に布教活動を行い、富士山へ多くの参拝者を引きつけた。特に宝永の大噴火以降復旧に時間がかかった大宮口や須山口は、江戸・関東からの多くの参拝者でにぎわった。最盛期では、吉田口には御師の屋敷が百軒近く軒を連ねていたほどであった。

数多くの講社というグループがあり、江戸時代後期には「江戸八百八講、講中八万人」と言われるほどであった。残念なのはお伊勢参りとは違い、江戸幕府からはその宗教政策上好ましくないと見なされしばしば禁じられたが、死者が出るほどの厳しい弾圧は受けなかった。そのような中で御師の家という宿坊が発展し、日本三大奇祭の一つと言われる吉田の火祭りなどのコンテンツも育っていったのである。これらは、お伊勢参り解禁の流れが全国に広がったおかげである。

その本流であるお伊勢参りをもう少しひも解いてみよう。

お伊勢参り以前は中世より、時の権力者は自分達の領民が自由に旅行することを禁止していた。それは世界的にみても同じで、理由としては領民が自由に外に出ると、移住したり帰ってこなくなると困るからである。支配する側の論理としては支配される側の定住が必須なのである。

それが、江戸時代　徳川幕府はお伊勢参りに限り解禁しようと突然なったのである。理由は宿場町を維持するという理由があったのは間違いない。そして堰を切ったように全国から参拝者が訪れるようになった。

伊勢神宮は、三重県の伊勢志摩地域に点在する、１２５の社で構成された神社。天照大御神（あまてらすおおみかみ）を祀る「内宮（ないくう）」と、豊受大御神（とようけのおおみかみ）を祀る「外宮（げくう）」の二つが特に知られてる。

天照大御神は、日本神話に登場する神様の中で、最も尊い存在で、天皇家の祖先とも言われている。この天皇信仰を幕府が民の息抜きとして認めたことで国内旅行の一大ブームが起きた。

実はこの伊勢参りによる天皇家信仰が天皇家を「神の国は天皇がいるというなり」として、後の尊王攘夷につながっていくのが皮肉ではある。

このときの旅行ブームでは、60年周期の「おかげ年」（神様からのおかげ「恩恵」をもらう年）の「お陰参り」には全国から物凄い数の集団で参詣した。その数、最大とされる明和８（１７７１）年では４６０万人、何と当時の日本の人口の６人に１人というのだから大変なものだ。

なぜこれほど人が集まったかと言うと、庶民の移動が厳しく制限されていた江戸時代に伊勢神宮参詣に関してだけはお守りやお札を旅の証拠として持ち帰ればお咎めなしで、また、相当な負担だった旅行費用を村ぐるみで積み立てる「お伊勢講」という仕組みが村毎に作られ、くじで選ばれた人が代表で送り出された。その上、「お陰参り」の時だけは、奉公人が主人に無断で参詣したり、子供が親に黙って参詣することが許され、特別な信心の旅ということで沿道の施しも受けられた。

お伊勢参りが始まる前までに朝鮮通信使や参勤交代で、ある程度は宿場町というのが育っては来ていたが所詮は侍だけが利用しただけであった。数はすごいと言っても数千人、それが庶民の旅となると４６０万人のお客につながったのだから民間に開放した徳川幕府の功績は大きい。

　中世の日本は世界的に見ても珍しく支配されている階級出会っても旅行できる大旅行時代だったのである。

　そこに、強烈なエッセンスが加味された。大旅行時代となって、日本各地にある祭りがコンテンツとして生きてきた。

　祭りの文化についても日本特有の動きであった。

　各国に住んで気が付いたことがある。日本はどの街にも祭りが根付いている。街の数だけ祭りがあると言っても過言ではない。『日本の祭り文化事典』東京書籍によると、その数は１１８４（新暦で実施の祭り１０５１、旧暦で実施の祭り１３３）、また『祭りの事典』（２００６東京堂出版）には、各地域に繰り広げられる身近な１０９８の祭りが紹介されている。あらためてわが国の祭りの多さを実感させられる。これは近年はやりのハロウィンや学園祭などは入っていない。

　祭りが有名な街はどの国にも数多く」あるが、日本のように全国津々浦々に祭りが浸透している国は世界でも類がない。

　ひとつには日本の細長い風土による。亜熱帯から寒帯までの気候や、山が多く海に囲まれているバラエティに富んだ風土が影響している。加えて、日本神話にあるような土着信仰による八百万（やおよろず）の神の存在が影響している。

富士山という山を神として信仰する富士山信仰にあるように八百万の神がいる日本においては、全ての出来事や存在が神になり祭りとなっていく。

日本三大奇祭と言われる御柱祭（長野県諏訪市・諏訪大社）、なまはげ（秋田県男鹿市（おがし）吉田の火祭り（山梨県富士吉田市・北口本宮富士浅間神社）から夏の風物である花火大会かや天狗が大きな木製の男根を持ち見物人の女性に男根をつきつける福井の八朔祭りがあったり、世界のガイドブックを扱う出版社であるロンリープラネット社の「世界で最も幸せな場所」に指定された和歌山の、笑い祭りなど、枚挙にいとまがない。

加えて近年のアニメ文化が聖地巡礼として多くの新たな観光地をこれでもかと作っていく。中世から日本にはおもてなし文化の創成と多くのコンテンツが見事に造成されてきたのである。本来はもっと早く世界に知られてもよかったのであるが、明治維新に至るまで日本は鎖国していたことも海外に知られざる地域として残った理由となった。

日本語の存在も鎖国に一役を担った。このようにインバウンド開国前にすでにおもてなし文化の素地ができて、コンテンツが揃っていたのである。この近世の流れは日本と言う国を魅力ある国へと育てていったのである。

近代に移ると、明治維新を経験して西洋化した日本には着物から洋服文化への変遷。そして富国強兵が進み、インバウンドの中心は各地の老舗旅行やホテルに移った。

いよいよホテル・旅館リードの時代である。

各地で勝ち抜いたホテル・旅館は海外からの日本へのおもてなしの最前線としてインバウンド近代の礎となった。日光の金谷ホテル、箱根の富士屋ホテル、奈良の奈良ホテル、京都の都ホテル、炭屋旅館、大阪のロイヤルホテル、東京の帝国ホテル、ホテルオークラ、京王プラザなどなど。

中でも中心になったのが帝国ホテル。

日本初の本格的洋式ホテルとして明治23年（１８９０年）に設立された。建設の発案者は当時の外相だった井上薫である。インバウンドの中心地として西洋諸国に対して遜色のない賓客応接の施設を建設すべきだとして、渋沢栄一、大倉喜八郎らの財界人に協力を呼びかけ、宮内庁の出資も得て設立された。

民間でも栃木県の金谷ホテルのように民間発のインバウンド対応ホテルもできた。

日本奥地紀行の著者であるアメリカのイザベラ・ハードは好意的な感想を述べ、世界的に発信し、日本にはおもてなし文化があることを著書に書いた。今で言うインフルエンサーである。世界は日本が旅行可能な土地であることを初めて知ったのである。

帝国ホテルの関わりはすさまじく、１９１２（明治45）年「ジャパン・ツーリスト・ビューロー（日本旅行協会）」設立「我が国は日露戦争の戦勝国となったが、１９０５（明治38）年9月に調印した日露講和条約（ポーツマス条約）ではロシア側に戦争賠償金の支払いを拒否された。このため、日露戦争の軍事費を捻出するために行った借金を返済するための外貨の獲得が大きな問題となった。そうした中、外貨の獲得のための有効な手段として外国人旅行者の誘致が意識された。

こうした社会情勢の下で〝外客ヲ我邦ニ誘致シ且是等外客ノ為ニ諸般ノ便宜ヲ図ルヲ以テ目的〟（「ジャパン・ツーリスト・ビューロー会則」第1条）とする〝ジャパン・ツーリスト・ビューロー〟が鉄道院、南満州鉄道、日本郵船、東洋汽船、帝国ホテルを中心に関係業界からの出資を募り1912（明治45）年3月に設立された」。㈳日本観光協会「観光実務ハンドブック」（丸善㈱，2008・p.837-838）

この頃のインバウンドはホテルに設置されたコンシェルジュデスクと言われる、おもてなしデスクの個の力が中心であった。旅館の場合はフロントがその任を担った。インターネットのない時代に情報集約した手作りの地域情報やインバウンド対応のノウハウが集約されていった。顧客にも学び、各地でインバウンド専任担当が育っていった。

富国強兵の元、軍部が世界に乗り出し満州国の設立とともに、「狭い日本にゃ住み飽きた」とばかり海外に出ていく風潮もインバウンドを発展させた。移民が南米から北米に大量に出るようになり出戻りで日本に帰ってきた人材がインバウンドを助けたという経緯もある。長い鎖国の時代から急激な西洋化インバウンド黎明期は各地のホテル・旅館がささえた。

そして第二次世界大戦を経て、日本は焼け野原から再び経済復興がすすみ、戦後日本として新たにインバウンドの時代へと舵を切った。そこで主役となってきたのは旅行会社とインバウンド専門ホテル群だった。加えてウエディング専用施設がインバウンドの豊富な資金に目を付け出してきた。

戦後日本はまだ自由に来日できる時代ではなく、入国については査証と言われる入国許可が求められ、団体旅行が個人旅行よりも中心であった。個人旅行客はどちらかというとビジネス客が多かった時代である。そこで頭角を現してきたのはＪＴＢ、日本旅行、近畿日本ツーリスト、西武トラベル、阪急交通社、藤田観光などの大手旅行会社である。

日本の旅行業は江戸の流れを組んだ講の続きから始まった

１９０５年に現在の滋賀県草津市に住む南新助が、当時国鉄にお世話になっているお礼に、団体による善光寺参りを企画した。滋賀県～善光寺までの行程の団体旅行だ。そう、まさしく江戸時代の講である。同年、南新助は日本旅行の前身にあたる【日本旅行会】を創業した。続いてＪＴＢの前身であるジャパン・ツーリスト・ビューローが１９１２年に設立され、日本を訪れた外国人の案内役を主におこなった。

つまりインバウンド専門会社としてＪＴＢは設立されたが、もちろん日本に来るのが相当大変だった時代にインバウンド専用会社としては成立しないので一般の総合旅行業としてその後は発展していったのである。

その後、国内の旅行会社は少しずつ増えていった、国民の海外旅行が自由化された１９６４年においても旅行業者はまだ50社ほどで広く市民に浸透するまではもう少し時間がかかった。この旅行業が成長する過程ではもちろん旅館やホテルがインバウンドの中心地であった。

実はインバウンドの発展はアウトバンド（日本人の海外旅行）と表裏一体であることがわかる。相手の国にたくさんの日本人が行くようになり、日本との異文化交流が起きて初めて民間レベルのインバウンドが育つ。その意味では海外にたくさん人を連れて行くアウトバンドの窓口である旅行会社は必然的に次世代のインバウンドの中心となっていった。

１９６５年、日本航空が海外パッケージツアー「ジャルパック」を発売し、続いて１９６８年日本交通公社が日本通運と共同で海外パッケージツアー「ルック」を発売した。１９７０年には日本交通公社が国内パッケージツアー「エース」を発売、以降、旅行会社各社によるパッケージツアーが普及していった。

中でも積極的にインバウンドを仕掛けた会社としてまずはＪＴＢ、もちろん設立の本懐がインバウンドである自負もあり「サンライズ」というインバウンド用のパッケージを作った。スポットで外国人を出迎えるのではなく日々のオペレーションを約束したのである。最少催行人員という逃げは作りながらもこのパッケージを作るには大きな勇気がいる。インバウンドが日々くるかどうかは国際情勢のも左右するからである。さらにはアルバイト組織や通訳する人員を育てる必要がある。このＪＴＢがサンライズを設立した１９６４年が旅行会社インバウンド時代の始まりである。当然、東京オリンピックの開催が大きく影響したことであろう。加えて、１９７０年に大阪万博誘致もあり「今ならいける」となったのは想像に難くない。

時ほぼ同じ１９６０年にジャパングレイライン社が創立して、近畿日本鉄道、阪急交通社、藤田観光などが手を組んで各地をつなぎながらジャパンホリデイツアーが立ち上がった。特に京都・大阪というインバウンドの名所を担当した近畿日本ツーリストが近鉄グレーラインという定期バスを運行するにあたり、インバウンドにはサンライズVSジャパンホリデイズグループの一騎打ち時代が始まった。

本格的にインバウンドがビジネスとしてホテル業のような受け入れ態勢から輸送手段、通訳ガイド（後に通訳案内士となる）、食事会場、などを含めたツアーとして成立した。

通訳案内業務においては、通訳ガイドが必要であると１９４９年６月15日に設定されていたが、実際にはツアーがいつでもあるわけでないので有名無実の資格であったのがサンライズの設立で息を吹き返した。

通訳案内業という業務が日本に根付いたのが１９６４年以後となる。定期ツアーがあることはインバウンド関係者が生計をたてるためには必須なのである。それまでは言語ができる人が合間合間に案内業をしていたのでプロとして生活を維持するのがインバウンドだけでは難しい存在であった。既得権者として通訳案内業も通訳案内士として今も存在するが、言語が限られていることと繁忙期に対応できない人員の少なさ、閑散期には人が余ることの不安定さなどもあいまって現状でも若手が育つには厳しい環境にある、１９９７年には地域限定通訳案内士などの設立もあり、コロナ時代に一気に仕事が消えたことなどまだまだ周辺業界としては苦しい部分があるのは否めない。いずれにして旅行業・通訳案内業の夜明けが１９６４年にスタートしたのであった。

ツアーとして定期運航することで、ノウハウを蓄積し通訳ガイド組織、語学アルバイト組織を確立した両組織は海外営業を自社の海外拠点を通じて積極的に打ち出していった。

　これこそが新たなインバウンド時代であった。そのうちに不定期に巨大なインバウンドが発生することに気が付きだした。それは国際会議やスポーツイベントなどの時期にとんでもない人員が動く。それを受け入れる受け皿にサンライズやジャパンホリデイズを活用することでＭＩＣＥというイベントマーケットがインバウンドと親和性が高いことに気が付き、インバウンドとイベントという現在につながる流れができた。

　ただこのときは、来日外国人の数パーセントを各社で分け合っているレベルでしか過ぎなかった。それ以外は、やはり根強い個人旅行客需要があった。各社は工夫を凝らして大阪、京都、東京の各ホテルにパンフレットを置き来日してからのプロモーションに力を入れた。ネット時代では考えられないがプロモーションの中心はパンフレットだったのである。

サンライズと近鉄グレイラインを擁するジャパンホリデイズはサンライズ優勢ですすんだが、１９８０〜１９９１年は近鉄グレイラインが大きく進化をして関西地区を制覇し、ＪＴＢ一強時代は終焉した。毎年、赤字補填をしていた近畿日本鉄道も驚く躍進であった。それも管理している近畿日本ツーリストの担当していた一社員が辞めると同時に後任が育たなく、再び赤字に転落してついには近畿日本鉄道も撤退して再びサンライズ一強時代に戻ったのが一つの時代のエピックではある。

ちなみにその近鉄グレイラインを立ち直らせた近畿日本ツーリストの新入社員とは著者である。お耳汚しに思わず言ってしまった。

そして時代は中国のＶＩＳＡ緩和、韓国、タイ、シンガポール、マレーシアの発展からのアジア顧客が拡大の時代に入っていく。

インバウンドの中心が旅行会社からオンラインの時代へ

この頃からインバウンドの中心が旅行会社からオンラインの時代へと一気に動きを見せた、旅行会社がそれにはついていけずにオンラインの波にもまれていった。

そもそもオンラインの時代になって全ての旅行がオンラインで予約できるので旅行会社を通す必要もなくなった。さらには中国などでは通訳ガイドという正規の案内人ではなく留学生などの非正規の案内人を雇い組織したのでインバウンドの売上は日本には流れなくなった。中国本土からのコントロールでバスを自社で借り、中には白バスという営業車でないバスも横行した。バス代を安くして日本では店に連れて行くことで店からの売上コミッションをもらい、さらに安く運営することでインバウンド人数は増えても、旅行会社は恩恵を預からずにインバウンド旅行の雄であった、近畿日本ツーリスト社は外国人旅行事業部を廃止した。

コロナが始まる以前にインバウンドにはすでに大きな仕組みの変化が起きていた。関係者はそれについていけていなかった。関係者はインバウンドにしがみつくあまりＭＩＣＥという別の方向に逃げて行った。そして本来のインバウンドはネットに一任されることとなった。

そこにコロナ以前の大インバウンド時代が来た。拡大するインバウンド需要はすさまじいものとなった。街中が訪日外国人であふれかえった。この特需には民泊という民間ホテルや、旺盛な中国人客などの需要を受けた薬局などが恩恵を受けた。

近年のインバウンドの特徴としてもちろんネット社会への変遷もあるが、各国からのＶＩＳＡ要件緩和の動きも大きい。従来国家間で貧富の差が激しく、韓国がかつて日本の文化を制限していたように戦後の文化交流禁止の流れもあった。それが、ＢＲＩＣＳと言われるBrazil, Russia, India, China, South Africaが発展し、４ドラゴンと言われる、韓国及台湾、香港、シンガポールが大きく発展したために、日本はビジネス的にも観光的にも抑えることができなくなりＶＩＳＡが緩和され国際間の垣根が無くなって行った。もちろんこれには日本のアニメによる文化の発信力も大きく影響した。

そこに政府がテコ入れしたのである。

１９８７（昭和62）年 運輸省：「海外旅行倍増計画（テン・ミリオン計画）」の策定。

そして１９９９年1月：中国政府，我が国への団体観光旅行を解禁。

２０００年９月：日本政府，中国人団体観光客への査証発給を開始。

２００９年７月：日本政府，中国人個人観光客への査証発給を開始。

２０１０年７月：日本政府，中国人個人観光客への査証発給要件を緩和。

となったから、猫も杓子も日本を目指せの時代になってとんでもなくインバウンドは増え続けた。追い打ちをかけるようにインバウンドとＭＩＣＥと言われるミーティング、インセンティブ、コングレス、イベントをさらに発展させようという動きが出た。

１９９４（平成６）年「国際会議等の誘致の促進及び開催の円滑化等による国際観光の振興に関する法律」の制定である。

この動きが出たのはインバウンド需要が国内旅行の需要とバッティングして土日祝日がホテルが取れない状況が出てきて、土日祝日と有名観光地がパンクしているのに関わらず、平日需要とプロモーションが下手な地方が活性化できていないいびつな状況を誘致で日程や場所に関わらず満杯にできるインバウンドにようやく気が付いたからである。インバウンドは日本の通常の旅行需要とはバッティングしない新たな力を示したのである。

その結果、インバウンドは観光庁資料より２００３年が１８５１万人だったが２０１９年には５１９６万人に達したのである。そこに２０２０年のコロナが直撃した。２０２０年には７２９万人へと激減したのである。その結果インバウンド需要に頼っていた民宿、旅行会社のインバウンド部門、５つ星ホテル、レストランなどの観光産業から薬局、ファッション、スキー場、コンベンション施設から全てが大打撃を受けた。そこを乗り切って生き延びている中で、インバウンドに対してトラウマも生まれた。インバウンドは水物であり、頼るとやけどする。このような中で再びインバウンドが来ようとしている。もちろん身構える気持ちが理解できるが、それはインバウンドを知らないが故の無知の損である。

インバウンドは宝の山であり毒ではない。それを知り行動するためにはいくつかの必要なルールとマナーがある。そこに人々が大事だということを知りだした。

キーワードはバリアフリーである。自動販売機を車いすの障害を持つ人用にコインを入れる口を少し下げたことで、実は身長が足りない子供たちが自動販売機を利用するようになり、大きく需要が伸びた。これは同じことが国内需要とインバウンドにも言える。インバウンド用に便利になったことは国内需要の促進にも役立つと考えるべきである。そうでないと国内需要の殻に閉じこもってしまう。

コロナによってインバウンド需要が減ったことで多くの製造業、飲食業、サービス業が廃業になった。

そして初めて成長エンジンとしてインバウンドの重要性に人々は気が付いた。コロナ以前のインバウンドは与えられ、自然の摂理に身を任せた受け身としての存在であったことがインバウンド冬の時代になったときの備えが無かったことで壊滅状態になった。

このようになって人々は初めて昨今のインバウンドの在り方を見直す機運が出てきた。

与えられるインバウンドでは今後は成り立たない。仕掛けて計画していくインバウンド、その仕掛けにはコロナ災害などにも乗り切れるインバウンドが必要なことが分かってきた。

新たな歴史の始まりとしてそこには自分の社業とインバウンドの特性を照らし合わせて、どのようなインバウンドの在り方を自社にあてはめるか考え、適応させていくことが重要となった。

これからのインバウンドの歴史はマグロやカツオの一本釣りのような運任せや直感に頼るインバウンドの姿ではなくなる。今までのインバウンドはトロール漁のように根こそぎとるような、後のことを考えないスタイルであったことへの反省である。

最新のインバウンドの方向は育んで育てるインバウンドである。そこに加えてマグロやカツオの一本釣りはＭＩＣＥと言われる会議やオリンピックなどの大型案件物を計画的に取り込んでいく必要がある。従来までのインバウンドは為替相場や政府の意思によるＶＩＳＡ発給の有無などに右往左往させられてきた。それも、計画的にＶＩＳＡ発給をコントロールし、為替の上下すらもインバウンドに影響させるようにすることも考えられる。

例えば、オリンピックなどの大型案件誘致の時は為替介入で円高に持っていくようにすることで来日の人数をしぼり、閑散期には円安へと誘導して一般来日数を拡大させるなどである。

課題解決のためのインバウンドという方向性も出てきた。日本が構造的に弱点だと言われる少子高齢化、空き家問題、老人介護から先は僻地医療問題、エネルギー資源の開発、防災問題などのあらゆる課題に対してもインバウンドという解を持つことができるようになる。

例をあげるのであれば、一定以上の資産を持って一年のうち半年以上日本に在住するのであればＶＩＳＡを簡易に発給し、永住権を与えるなどの仕組みを作ってもよいだろう。

シンガポールのように滞在を半年以上のような縛りを入れるのもインバウンド需要を増やせるのかと思う。もちろん複雑に多方面に影響はするではあろうが、基本は質の良い人材、役に立つ人材を長期滞在させる仕組みも並行して行うことが必要だ。

さらに未来に進めば、全国津々浦々にＷｉ－Ｆｉが網羅されること、翻訳ソフトの進化によって通訳案内士という業務の通訳部分が不要になりコンシェルジュの機能とプラスα、例えば折り紙が教えられるなどのスペシャリティの部分が求められる時代が来る。

インバウンドの目的を持った施策が拡充しなければいけないことも人々は気が付き始め、将来はカジノ入場税や野球観戦税などの課税が可能となりその収益は別の有益な目的に使われるようになっていこうとしている。歴史を学ぶ中でインバウンドの成長過程を知り、進むべき道が見えてくる。

日本の立ち位置を知る

インバウンドを理解する上でまず知っておかねばならないのは日本が極東に位置し、世界の端にあるという事実。

世界地図の中に常に真ん中に日本があるように記載しているのは日本から見た世界である。これは日本だけの話ではなく、それぞれの国が自分達の国が世界の中心に位置づけられているのである。しかし、歴史的に見て日本は世界地図の端っこに存在する国に過ぎない。

これまでのインバウンドの関連の書籍を見ていると、日本の魅力の打ち出し方が中心になったものがほとんどである。そして、どのガイドブックも社寺仏閣がまず中心で歴史を語り、少し感性の高い本ではアニメや秋葉原文化などのサブカルチャーが出てくる。そうであっても日本が極東の変わった国である認識は少ないと言える

先に述べたように日本の常識が世界の非常識であり、そういった価値観の違う存在が押し寄せてくるのがインバウンドなのである。

人々は価値観が違うからこそ面白いと思って来日しているのかもしれないし、日本を知って戸惑う人もいるかもしれない。言葉が違う、生活様式が違うというだけではないのである。そして知っておかなくてはならないのは世界の多くが多民族国家であるということ。

今なぜ日本にインバウンドの流れが来ているのかを言おう。

美しいから、美味しいから、親切だから、安全だから、礼儀正しいから、もちろんそれらは観光資源として魅力を醸し出している。しかし日本に来る人達が最も期待していることは世界から見ても変わっているこの日本の文化に触れることなのだ。円安だから来ているだけではないのである。

それを日本人はわかっていない。自分達が最も常識的でまともであると信じて疑っていない。そもそもその考えさえ変わっている部分でもあるが、まずは日本のそのような立ち位置を知ることこそがインバウンドの始まりである。

筆者が生まれたのは11月で、ちょうど春から夏に向かっている時、南米ペルーでは日本とは四季が

逆である。生まれた場所も標高４０００メートルの村で昼と夜の気温差が40度くらいある土地。それが当たり前の国で過ごしてから、今度はブラジルの海岸部リオに住み、慣れたころには赤道直下のベネズエラに。そして全米屈指の発展都会のサンフランシスコを経験してから日本に帰国した。

　帰国したときに真っ先に感じたのは、なぜ皆同じような体型なのだろうということ。日本語が４番目の言葉であったので色んな言葉を織り交ぜて話したり電話をしたりしていると周りの人が不思議そうにしていて、多民族国家では当たり前のことが当たり前ではないことにも気づかされた。さらに驚いたのは日本人が中学、高校と6年間も英語を勉強しているのに英語ができないということ。

　私の場合、日本語は漢字も含めて古文、和歌も2年で覚え、愛媛弁、関西弁、標準語もできるようになって驚かれた。外国で当たり前のことがそうではないのだと子供心に知ったのだった。

　もちろん、そのようなガラパゴスな日本文化は嫌いではないが、インバウンド時代というのは良いことも悪いことも、それぞれのエリア、国、民族の常識が行き来することになる。よほど旅慣れた人はそれを全部が個々の非常識だと知るわけであるが、そうでない人はほとんどの人が自分達の常識を押し通してくることとなる。それがインバウンドなのである。

　例えば、世界から核を廃絶しないと駄目だと地球人である誰もがわかっているはずである。でもそれぞれの国になると核を持とうとする。

　このように地域や国のエゴも流入してくるわけで、インバウンドの対処方法等がわからないままでは受け入れが破綻するだけでなく多くのトラブルの発生源にもなる。

実際に日本の病院で治療を受けた外国人の３割が治療費を払わずに帰国するというとんでもないレポートが発表された。中には手術費・入院費５００万も踏み倒されて泣き寝入りした病院すらある。インバウンドはグローバル化の流れのひとつであり、何等かの可能性のもと、それが観光であれ、海を越えてやってくるようになる時代になったのである。

そして、交通の発達も一翼を担っていると言える。

そしてこの流れは、あまりに急なために反動で一時のポピュリズムとしてＥＵ離脱やトランプ政権の誕生のように内向きになることとなった。これらは大きなうねりとして文明が発達するスピードと同等に拡大していくことだろう。そこにコロナという不確定要素が加わり、インバウンドへのリスクがクローズアップされることとなった。自分たちの文化が特殊ということにそろそろ目覚め、その良さとギャップに気がつき、リスクマネジメントを加味していきながら進む必要が出てきた。

このように、インバウンドは現象のマネジメントであるので、単なる観光用語としてとらえるのではなく、それをいかに生かすかが重要になる。

インバウンドを正しく活用できるようになると国の在り方すら変える可能性がある。だから、正しくインバウンドを学ぶことが、知識を得るだけでなく未来を切り開くことになるということも知っておいてほしい。

振る舞いの無礼さリスク

国民性の真面目さに起因するところもあるが、よく見かける光景として気になることがある。写真禁止の場所で、ルールを理解していない外国人が写真を撮ろうとすると、係員が「ダメ」または「ダメ、ダメ」と言うことが多い。

英語で言う場合でも「ＮＯ！」と言っていることがある。実は、これはあまりにも無礼で高圧的である。

この問題は、施設の管理者の教育不足に尽きる。決して流暢な英語を話せと言っているのではない。

注意を促す際の言い方として、「優しく↓少し強く↓厳しく」と段階を踏むことが必要であり、そうしなければ日本という国の品格が疑われると思う。

「ダメ」や「ＮＯ」と言うのではなく、「I am sorry, but…」くらいは教えておく必要がある。そうでなければ、遠方から来ているお客様に不安を与えるだけで、ファンになってもらうことは難しい。こうした傾向は、ルールを守ることが絶対と教えられている日本では、海外とは異なる顕著な例でもある。


例えば、レストランや博物館で、出口側から外国人が「そこのトイレだけ使いたいのですが、いいですか？」と聞いてきた場合、これを断るのは日本くらいのものだろう。

目の前で困っている人を見たら、笑顔で「どうぞ」と言うくらいの柔軟さを係員として持っておくべきだ。

トイレに入れた人がいつの間にか館内を徘徊するリスクは確かにある。しかし、そのリスクをゼロにすることよりも、トイレを貸してあげたことで、気持ちの良い対応をしてもらったと感じた人が、正式に入場してみようかな、または友人に「一緒にあそこのレストランや博物館に行こうよ」となる方が、メリットが大きい。

決して「赤信号で車が来ていなければ歩いてもよい」と言っているのではない。気持ちの良い振る舞いが欠けている日本人が、そうした点を改善すれば、もっと魅力的な国になると知ってほしい。

著者はかつて、極寒のシカゴで団体の客が戻ってくるのを待っていたとき、後ろのレストランのマネージャーが窓越しに手招きしてくれた。中に入ると「コーヒーを入れてやるから飲んでいけ」と言う。「小銭がないのでいいです」と断ると、「もちろんお金はいらないよ。今は夕方まで店は休みだから、寒いだろう？　飲んでいけ」と言ってくれた。

この出来事で、寒くて嫌だと思っていたシカゴが一気に大好きになった。

ルールは守らなければならない。しかし、ルールに縛られて人間性を失ってはいけない。

支払のリスク

インバウンドを拡大したいという声が自治体から上がることが少なくない。そして各自治体には素晴らしい観光名所がある。しかし残念ながら、いまだに多くの店が「現金のみでお願いします」と言っている。

クレジットカードやPayPayなどの電子マネーが海外では主流であるにもかかわらず、なぜそれを受け入れないのか。その理由は次の通りで、どれもつまらないものだ。

- 手数料を払いたくない。
- 現金の入金が遅れる。
- 手間がかかる。現金ならすぐに使える。

加えて、長年現金ビジネスをしてきた人々の中には「税務署に売上を知られたくない」という理由もある。日本の店側の言い分も理解できる。海外の観光地では、５０００円と言っていた商品が、買う素振りを見せないとすぐに１０００円に下がることがある。つまり、値段のつけ方が不誠実なのだ。しかし、日本では原価ギリギリで頑張っているため、カードの手数料を払えないという主張がある。

つまり「私たちはいかに真面目に誠意を持って仕事をしているか」を伝えたいのだ。

しかし、それでは誠意が伝わらず、あたかも「買ってほしくない」と言っているかのように機会損失をしている。ＳＵＩＣＡで「ピッ」と改札を通ることに慣れた人が、昔のようにチケットを買って「パチン」とすることで無駄を感じたら、その場所に行きたくなくなるのと同じだ。文明を一度経験している人々を受け入れるのであれば、受け入れ側の意識を変えなければならない。現在の地方の店は、メールではなく「ファックスで送ってほしい」と言っているようなもので、時代に対応することを避けている。

これを言うと必ず、「日本の通貨は偽札が作りにくいので信用できる。だから、偽札が多い国では電子決済が発達したのだ」という主張が出てくる。しかし、どのような理由で電子決済が発達したかは関係ない。コインや紙幣を持つより電子決済が便利であり、「日本は安全だから現金で十分」という主張は、産業革命時に「車は危険だから馬車が便利だ」と言っていた滅びゆく馬車の車夫と同じだ。時が解決する頃には、もう手遅れである。今から意識を変えていくべきだろう。

表示のリスク

日本国内でも、特に都市部では英語、韓国語、中国語がさまざまな案内に記載されている。便利になったと思うが、よく見ると、誘導看板や注意事項に偏っており、それ以外の部分では依然として日本語のみの表記が多い。

インバウンド向けに営業している店、特にラーメン屋などでは、英語のメニューを出すようになっているが、ライフラインと呼ばれる郵便局、病院、警察などに行くと、表示は簡単な英語しか使われていない。つまり、より深い部分では対応が十分でないことが少なくない。

さらに別のリスクとして、表記が命令調のように感じられることも問題である。「お座りください」が「Sit down」となっているケースがある。

さらに言えば、「please」をつければ丁寧になると思い込んでいるのか、「Sit down please」という表記も見かける。これは「座れ！以上」といったニュアンスで、まるで怒っているようにも見える。英語ではこうした違和感に気付くが、恐らく韓国語や中国語の表記でも、同様に失礼な言い回しをしている可能性が高い。

正しい言い方としては、さまざまな表現があるが、「Sit」を使わず、「Take a seat, please」ぐらいの表現にしてほしいものである。

第2章　インバウンドを左右する大きな要素

日本人は、地域や国ごとにインバウンドを区別しがちだが、それは誤りである。

例えば、皆さんが知っているスイスでは、公用語がフランス語、イタリア語、ドイツ語、ロマンシュ語の４つあり、さらにラテン語も使用されるため、合計５つの言語が存在している。

つまり、国ごとに「この国だからこうだ」という固定観念を持ち、公式のように決めたがる姿勢は、インバウンドの世界では本来うまくいかない。まずは身近なところからインバウンドを意識することが重要である。

この章では、日頃の生活で皆さんの身近にあるインバウンドに関係する事柄について述べることにする。

外国人の「名前」間違って呼んでいませんか？

外国人の名前について戸惑った経験がある人は多いのではないかと思う。それは、表記方法が実際の発音と異なることが少なくないからである。アルファベットの発音も、ロシア語風、フランス語風、英語風など異なる場合がある。

さらに、この問題は人名に限らないことも覚えておいてほしい。

たとえば、日本で「マクドナルド」と呼ばれているものも、日本語読みの和製英語であり、実際には「ク」は発音されず、詰まった音になる。

また、ウクライナを「ユークライン」と呼ぶのが世界的な常識である。

イギリスのことも、彼ら自身は「イングランド」とは呼ばず、「グレートブリテン」と呼んでいる。「スコットランド」や「ウェールズ」の出身者に「イングランドから来たのか」と尋ねると、「違う」と答えるのが普通である。日本では「英国＝イングランド」と教えられることが多いが、実際には「イングランド」は「グレートブリテン」を構成する国の一つに過ぎない。「グレートブリテン」は複数の国の連合体である。

日本人の「国」に対する固定概念が、インバウンドの受け入れにおいて誤解を招いている可能性がある。この点を理解し、対応することが重要である。

世界には、複数の地域や民族が集まって一つの国を形成している例が多い。

スペインやイタリアは州の集まりであり、ロシアやアメリカも州の集合体である。アメリカには5つの準州（プエルトリコ、グアム、アメリカ領ヴァージン諸島、北マリアナ諸島、アメリカ領サモア）が存在する。

こうした国々の出身者を迎える際には、その背景に合わせた適切な言葉遣いが求められる。そうしないと、ホスピタリティが十分に伝わらない場合がある。

もちろん、日本だから仕方がないと思ってもらえることもあるが、それではインバウンドを極めようとする人にはふさわしくない。

例えば、カナダのケベック州から来た人に英語で対応するのは、ブラジル人にスペイン語で話しかけるのと同じである。コミュニケーションは取れても、相手にとっては「理解されていない」という気持ちが残るだろう。

では、国や州を理解すれば完璧かというと、そうとも言えない。実際、地図上での区分は単に土地の分け方に過ぎず、言語や習慣、文化、民族はその枠にとらわれないからだ。

例えば、トルコやロシアの国境に近い地域では、国はトルコであっても、世界的にはまだ国として認められていないクルド人地区が広がっている。（トルコ、イラン、イラク、シリア、アフガニスタン、レバノンにまたがる）最近では、ドイツやフランスなどでも大規模なクルド人コミュニティが築かれている。

こうした状況を理解するための判断材料が増える一方、問題はさらに複雑になる。しかし、その一方で、名前の呼び方にヒントがある。多くの日本人は「何語を話すのですか？」と尋ねるが、実はそれが野暮な質問であることが多い。

例えば、「Michael」を「マイケル」と読めば英語圏、「ミシェル」と読めばフランス語圏、「ミハエル」と読めばロシア語圏の人であることが分かる。同様に、クルド人の名前にも、日本での「鈴木」や「佐藤」、「高橋」のような一般的な姓がある。例えば、名前に「ＤＩＮ」が含まれていれば、クルド人である可能性が高い。

名前を間違えるのは避けたいが、相手が理解を示してくれることもあるだろう。ただし、知識不足が原因で単なる間違いではなく、侮辱となる場合もあるので注意が必要だ。

例えば、インドのヒンディー語圏では、名前がカースト（階級）を表しており、名前から仕事や出身地が分かることもある。「arji」という名前はバラモンの家系を示し、「～sen」はスードラという階級を表す。もし「～sena」というクシャトリアの家系の名前から「a」を省いて「～sen」と呼んだら、大問題になる。

また、中華圏においても、映画俳優のジャッキー・チェンやブルース・リーの名前は、パスポート上の本名とは異なることを知っておく必要がある。これらはあだ名のようなものであり、通り名で呼び合っているだけだ。発音が似ていることもあれば、全く違う名前を使っていることもあるので、注意が必要である。さらに、クリスチャンネームを持っているからといって、必ずしもクリスチャンであるとは限らない。

混乱をさらに助長しているのは、名刺などにもそのあだ名が記載されていることだ。海外では、名前は着替えのように自由に変えられるものであり、日本人もその柔軟な感覚を身につける必要があるだろう。
理由としては、中華圏や韓国でも、英語表記において発音が難しい名前があることが挙げられる。さらに、外国では簡単に国籍を変更するのが一般的であり、日本人には理解しにくい部分があるかもしれない。

同様の事例は、ヨーロッパや南アメリカなどのラテン諸国にも見られる。

有名なチェ・ゲバラの本名は「エルネスト・ラファエル・ゲバラ・デ・ラ・セルナ」で、「チェ」とは日本語で言うところの「お前」のような親しい友達を指す言葉だ。サッカーのペレの本名は「エドソン・アランテス・ド・ナシメント」であり、パスポートにも「ペレ」と記載された。日本でもなじみのあるジーコの本名は「アルトゥール・アントゥネス・コインブラ」だ。ジーコというあだ名は「やせっぽち」という意味で、けっこうひどいあだ名だ。日本人が「やせっぽち～！」と応援していたのは、少し不思議な感じがする。

面白い例として、カカの本名は「リカルド・イゼクソン・ドス・サントス・レイチ」。カカという名前は、弟が幼い頃に「リカルド」をうまく発音できず「カカ」と呼んだことから、ファンの間で広まった愛称だ。公式の場では「リカルド氏」と呼ぶのが適切である。

筆者自身も、帰国した際に「フィデル・セシリオ・トオル・タカハシ」として紹介されたが、日本では「トオルでしょ？」と何度も言われた。トオルはミドルネームであると説明すると、不思議そうな顔をされた。しかし、これが世界の常識である。

このように、名前の成り立ちを知っておくことは、インバウンド対応において非常に役立つ。日本も徐々にグローバル化が進み、海外の文化が身近になってきている。

日本人にとっての非常識が、もはや世界の常識となりつつある時代には、適切な対応が求められるだろう。

外国人の「言葉」は英語だけではない

名前だけでなく、言葉についても理解しなければならないことが多い。

外国人を見ると、白人や黒人なら英語ができる、アジア人なら中国語か韓国語だろうといった画一的な考え方は避けるべきである。

インバウンド時代以前は、ある程度の知識や収入、資格がなければＶＩＳＡが下りなかった。そのため、白人や黒人を見て英語で話しかけることは、あまり間違いではなかった。しかし、筆者が住んでいた南米では、英語が話せる人は少なかった。たとえブロンドでも同様である。今は、そういった多様な背景を持つ人々が世界中から日本にやってくる。それがインバウンド時代なのだ。

だからといって、英語で話してはいけないということではない。ただし、英語を話さない白人や黒人の国も少なくないことを覚えておくべきだ。

例えば、とても情熱的なスペイン語圏の人が食事のお礼にホテルに行かないかと誘ってくれたとしよう。そこで、日本語で「駄目」と答えると、スペイン語では「ダメ」は「ちょうだい」という意味になる。その結果、相手は手を引っ張って君を連れて行こうとするかもしれない。このような誤解はたくさん生まれる可能性がある。

また、英語でもイギリス英語とアメリカ英語では違いが多い。文法だけでなく、単語自体も異なることがある。

例えば、日本で「ガソリン」と呼ばれるものは、イギリスでは「ペトロ」と言わないと通じないかもしれない。紙幣はアメリカでは「ビル」、イギリスでは「ノート」。地下鉄はアメリカでは「サブウェイ」、イギリスでは「アンダーグラウンド」または「チューブ」と呼ばれる。使っている言葉によって、その人がどこの国の出身なのかが分かることも面白い点だ。

アメリカ英語の中にも、南部なまりや西海岸なまり、黒人がよく使うスラングなどがある。また、シンガポールの中華系の人々が話す英語は「シングリッシュ」と呼ばれる特徴がある。インド人の英語も、最初は英語とは思えないほど独特である。日本においても同様だ。筆者が子供時代、アメリカから帰国した際、日本人の話す英語が抑揚のないお経のように聞こえ、一語一語を区切るために鳥の鳴き声のように感じたことがある。

中国語についても、日本人は一括りに「中国語」としてしまうが、実際にはさまざまな方言が存在する。中国国内でも、中国語の映画を字幕付きで見る人が少なくない。それほど発音に違いがあるのだ。例を挙げると、マンダリン（北京語）、上海語、広東語、福建語、湖南語、客家語など、中国には多くの言葉がある。加えて、台湾語も存在する。これら7つがメジャーな言語である。さらに、漢字は簡体字と繁体字に分かれ、さらに日本独自の漢字も発達しているため、漢字の書き方は3種類あると言ってよい。

言葉の問題は非常に難しいが、ひとくくりにせず、多様性を理解する習慣を身につけることが大切である。会話をする際、語学の学習ももちろん大切だが、ボディランゲージを使うことでコミュニケーションの幅を広げることができる。言葉だけでなく、体を使って感情を表現することも必要だ。日本特有の曖昧さを美学とする考えは、インバウンドにおいては致命的な欠点となりうる。

もう一つ重要なことは、「結論から話す」ということである。これは世界のスタンダードだ。

どの言語でも、結論がまず述べられ、続いて補足がついてくる。世界中で、日本語ほど最後まで聞かないと結論がわからない言語はない。ましてや、話しながら結論を迷い、最後に決めるという離れ業を当たり前のように行っている国は、日本以外にない。しかし、これでは誤解が生じやすい。日本人は話しながら結論を変えることが多いため、話の流れをしっかり把握する必要がある。

筆者が小学生の頃、日本語が完璧だと思っていた時、駅のトイレの前で「ご協力お願いします」という看板を見かけた。そこで、トイレを掃除しているおばさんに「おばちゃん、何を協力しよう？」と尋ねたところ、怒られた。

日本人なら、「ご協力お願いします」という看板が、「トイレを掃除しているので、ご迷惑をおかけしますがご理解とご協力をお願いします」という意味であることが自然にわかる。しかし、言語的にこれを理解するのは難易度が高い。

こうした曖昧さを良しとする自分たちの文化に、ぜひ気づいてほしい。

外国人の「食事」の習慣は多種多様

２０１５年、ミシュランガイドに掲載されたレストランの数で、東京は２２６店舗を誇り、２位のパリを大きく引き離した。さらに、東京のフランス料理店で一つ星以上を獲得した店舗は50店に上る。

また、米誌『サヴール』は東京を「世界最高のフードシティ」に選出した。

これは、日本の職人文化と国民の気質を象徴しており、グルメな国としての日本の名声をさらに高めるものである。

２０２０年ではさらに、

東京（日本）
3つ星レストラン：11軒
2つ星レストラン：53軒
1つ星レストラン：162軒

京都（日本）
3つ星レストラン：4軒
2つ星レストラン：19軒
1つ星レストラン：96軒

大阪（日本）
3つ星レストラン：3軒
2つ星レストラン：16軒
1つ星レストラン：88軒

世界の有数の都市であるニューヨークとパリと比較してみよう。

ニューヨーク（アメリカ）
3つ星レストラン：5軒
2つ星レストラン：12軒

1つ星レストラン：77軒

パリ（フランス）

3つ星レストラン：11軒
2つ星レストラン：17軒
1つ星レストラン：67軒

もちろん、日本人としては誇りに思うし、日本の食文化をもっと味わってもらいたいと自信を持って言えるだろう。

しかし、日本人の常識をそのまま外国人に押し付けることで、受け入れ側に疑問を抱かせ、誤解を生むことがあると認識しなければならない。

日本のホスピタリティは概ね評判がいいが、クレームが出やすい問題点として交通費の高さと居酒屋での「つきだし」がある。「これが何が悪いの？　店のスタートの部分でしょ」と思うかもしれないが、それは国際的な感覚には合っていない。頼んでいない料理がテーブルに出て、しかも料金が発生するのだ。

韓国料理店では、頼んでいないキムチや前菜がテーブルに出されることがあるが、これはサービスであり、通常は課金されない。

一方で、日本の居酒屋などで出される「つきだし」や「お通し」は、注文していなくても料金が発生する。

最近では「これはテーブルチャージです」と英文の説明が書かれていることもあるが、これだけでは納得してもらうのは難しい。

お店側は、席料の代わりに一品を出すという配慮だと言いたいかもしれないが、この曖昧さがインバウンド客には不完全に感じられる。

おしぼりや水を無料で提供しても、外国人観光客が「騙された」と感じることがある。逆に、水に料金がかかっても誰も文句を言わないかもしれない。これが日本の不思議なところだ。

「つきだし」や「お通し」は日本では重要な収入源であるため、「頼んでいないからいらない」と言われると困る。しかし、国際的な視点で見ると、この習慣を押し付けることは、外国人客が二度と戻らない原因になりかねない。

つまり、日本にはまた来るかもしれないが、「あなたの店には二度と行かない」と思われることがある。

もしあなたの店が外国人で賑わっていても、常に初めてのお客さんが多い場合、それは成功しているとは言えないことを知っておくべきだ。日本では性善説が信じられていて、黙っていることが良いこととされることもあるが、海外では性悪説が一般的で、インバウンド時代にはそのことを理解しておく必要がある。

習慣の違いがたくさんあることを理解し、世界のスタンダードから離れている習慣は誤解を生みやすいということも知っておくべきだ。

例えば、パンやごはんのおかわり、そしてお茶のおかわりなども大きな問題点だ。

日本の料理は全体的にボリュームが少ない。「これがメインディッシュではないですよね？」と思われることもある。

お肉も１５０グラムや多くても２５０グラムだが、南米では普通に2キロを2人で食べる。

こうしたボリュームの違いに慣れていない海外から来た人が、美味しいけど量が少ない日本の食事で、せめてパンやごはんのおかわりをしようとして追加料金が発生してしまい、揉めることはよくある話だ。

海外では1人が3回おかわりして3杯のコーヒーを飲むのは当たり前だから、おかわりが当たり前のインバウンドからすると、日本の習慣は不思議に感じられることがある。

また、日本の店主が主人公になりすぎるのも問題だ。海外では、焼き加減や出てくるもの、ソースのかけ方、ミルクの種類などはお客が主導でオーダーするのが普通だ。卵料理の焼き方や方法を細かく指定するのも良いお客さんとして扱われるし、ファミレスでもそれが普通だ。

ハリウッドの映画で「いつもの焼き方で頼む」と言うシーンがよくあるが、それは気取っているからではなく、当たり前の光景なのだ。日本では選択肢が圧倒的に少なく、お客がトーストでなくベーグルを頼んだだけでパニックになる。そして「ありません」と答えることが多い。海外ではファミレスでも出てくるものが、日本では当たり前でないことがよくある。

現在の日本のインバウンドの最大の問題点は、短期滞在では楽しめても長期滞在には向いていないことだ。例えば、ミルクだけでも一般の牛乳はホールミルク、脂肪分が2%のミルクはレデュースドファットミルク、脂肪分1%のローファットミルク、無脂肪のものはノーファットまたはスキムと言うが、これが揃っていないと長期滞在を避ける人もいる。

パンもトースト以外に、エッグベネディクトに使うイングリッシュマフィンがないと困るし、もちろんベーグルやフォッカチオも必要だ。食パンをホワイトブレッドと呼ぶなら、全粒粉のウィートブレッドやライ麦のライムギブレッドも欲しいところだ。

ベジタリアン対応にも問題が多い。多くの日本人は、ベジタリアンというと菜食主義くらいの認識しか持っていないが、実はベジタリアンにもいろいろな種類がある。すべてを知る必要はないが、せめてヴィーガンとラクト・オボくらいは理解しておいてほしい。

最近では、日本にもハラル認証を受けた食材を使うレストランが増えてきたが、スポーツの世界大会などでバンケットを開催する際には、東京や大阪の超一流ホテルですらチキン料理でごまかすだけのことが多い。これでは、シンガポールや香港にＭＩＣＥ（国際会議、展示会・見本市など）で追いつくのは難しいのも当然だ。

ハラルキッチンという専門のキッチンがないからバンケット対応できないというのは工夫が足りない。すべてに対応しようとするあまり「対応できない」と答えるのが日本人の生真面目な部分だと思うが、そうではなく、ハラル用のバンケットメニューを1つか2つ決め、そのメニュー専用の鍋や器具を別に用意するだけで十分だろう。

それでも十分にインバウンド対応になるはずだ。日本にも、そのくらいの融通を効かせる努力をしてほしい。

食事に関しては、宗教や国、同じ国の中でも種族によって異なることがある。多様性のすべてを理解する必要はないが、長期滞在を目指すなら理解しておくべきこともある。

特に食事関係で今の日本に足りないのは、融通を効かせることではないかと思う。

わからないから対応できないというのでは、ホスピタリティとは言えないだろう。

特に食事に関して、今の日本に足りないのは、柔軟に対応する姿勢ではないでしょうか。

「わからないから対応できない」では、ホスピタリティとは言えないのです。

驚くべきは日本の「習慣」

習慣というのは、その土地の人々にとって当然のものである。

その土地の人からすれば当たり前のことなので、自分の習慣について疑問を持ったり、改善が必要だと感じたりすることは少ない。

もちろん、日本には日本の習慣があり、他の国の人から見ると驚くようなことや理解できないこともある。

外国から来た人がまず驚く日本の習慣には、電車で居眠りをしている人がいることや、喫茶店で席を確保するために鞄やスマホを置きっぱなしで席を離れることがある。

日本は安全で人々を信頼している証とも言えるが、インバウンド時代にはもう少し注意が必要だろう。

言語の面でも、日本人が「わかってね」という姿勢で自分の意思をはっきり伝えないことがある。これは日本人にとっては良い面も悪い面もある。

例えば、「付き合ってください」と言われて「友達でいましょうね」と答えるのは、日本人には「恋人として付き合うのは無理だけど、仲良しのままでいたい」という提案だとわかるが、外国人にはYESと捉えられるかもしれない。

「週末映画行かない?」と言われて、断るつもりで「また今度ね」と言った場合、それは「週末はダメだけど他の日ならいい」と解釈される可能性がある。相手を傷つけたくないと思って曖昧に言うことで誤解を生むことがあるので、注意が必要だ。

お店などで閉店時間が近づくと、「蛍の光」をBGMで流して空調を切り掃除を始めるのは、「もうすぐ終わるからね」という合図だが、海外のようにストレートに「あと10分で終わりだから、帰りたいんだ」と言えないためにこのような習慣が根付いた。

よく飲食店のオーナーやバイトが、「閉店時間になっても外国の人が帰らなくて困った」と言うが、問題は客ではなく曖昧な対応だ。

また、日本人がよくやってしまいがちなことは、相手の年齢を何の気なしに聞いてしまうこと。

実際、海外ではよほど親しくならない限り年齢を聞くことは少ないし、履歴書に生年月日を書いても年齢は書かない国が多い。韓国や中国でも比較的年齢を聞く習慣があるが、これは目上と目下を区別する悪しき習慣とされるため、北東アジア的な考えは避けるべきだ。

さらに、人種や宗教についても安易に聞くべきではない。語る場合は、日本の文化や習慣を理解した上で話す必要がある。

日本人は自国や文化について詳しく知らないことが多い。

例えば、政治の話になると、自国の紹介をしてから聞くのが常識だが、日本ではそれができていないことがある。

内閣制度や三権分立などがわからないと政治の話に関わらない方が良い。質問する前に自分から話すのが世界の常識であり、相手の名前を聞くときでも「お名前は？」と聞くのではなく「私は○○です。あなたのお名前は？」と尋ねるのが当たり前だ。

個別の習慣もある。

例えば、中国ではホストが手をつける前に絶対に食べてはいけない、韓国では年長者と乾杯したら横向きに飲むなどがある。こうした習慣は、先に関わる国がわかれば知っておくべきだ。

日本の温泉地では、外国人が風呂の入り方がわからずに戸惑うことがよくある。

日本のやり方が「見ればわかるだろう」というのはちょっとかわいそうな話だ。

筆者もかつてニュージーランドのロトルアで、温泉に入ったら水着が必要だったため、一人だけ裸で驚かれた経験がある。

また、インバウンド時代にはチップの認識も知っておく必要がある。

日本にはチップの習慣がないが、チップが習慣の国から来た人たちは、何か無理なお願いをするときにお金を渡す習慣がある。日本ではチップが賄賂と勘違いされることもあるが、彼らにとっては感謝の印として普通の行為であることを理解しておこう。

日本の習慣と他国の習慣、そして個人の習慣を認識することが大切だ。

習慣の違いに気づかず、自分の行動が世界から見て失礼だったり違和感を持たれたりすることがある。

孫氏の兵法にある「敵を知り己を知れば百戦危うからず」の「己を知る」ことが習慣を知ることだ。自分の習慣を押し付けるのではなく、他者を理解することが重要だ。

「インバウンド対策のスタートは何から始めたらいいですか?」と聞かれることが多いが、まずは「己を知る」ことから始めるべきだ。

自分がどのような固定概念を持っているのかをもっと理解する必要がある。

BGMに「蛍の光」を流して全員が閉店の合図だと理解すると思っているうちは、まだまだ改善が必要だ。

既成概念を覆す各国の「国民性」とは

インバウンド新時代に必要なことは、日本の価値観を押し付ける現在のインバウンドのあり方から、相手の価値観を取り入れるという次のステップに移行することだ。

まず理解しておかなければならないのは、日本人の国民性が良い面も悪い面も含めて独特であるという事実。だからこそ、日本は興味深く、観光立国として成り立ってい流のである。

例えば、「美人」の基準は国民性によって異なる。

ブラジルやアメリカの女性が、お尻を大きくするために整形手術を受けることは、日本人には理解しにくいだろう。大きなお尻が美人の条件である国々から見ると、痩せたい、細くなりたいという日本の女性は、逆に美しくない方向にお金を使っているように見える。

日本ではあまりモテないのに、マレーシアに行くと非常にモテるという友人もいた。同じ国であっても、時代が変われば美人の基準も変わるのだ。現代の日本人と平安時代の日本人では、まったく異なる美の基準があったようにだ。江戸以前の貴族が歯を黒く染めていた「お歯黒」など、今ではオカルトのように感じるだろう。

違いを見つける事や気が付く事は最大のコミュニケーションなのである。

それゆえに海外では国民性をネタにしたギャグなどが多い。またそれが皆無な日本も変わった国なのである。

国民性をギャグにした話をいくつか紹介しよう。

●課題：　国際的な学会の場で遅刻してしまったために、発表の持ち時間が半分になってしまった。

アメリカ人　内容を薄めて時間内に収める

イギリス人　普段通りのペースで喋り、途中で止める

フランス人　普段通りのペースで喋り、次の発言者の時間に食い込んでも止めない

ドイツ人　普段の二倍のペースで喋る
イタリア人　普段の雑談をカットすれば、時間内に収まるその前にまず遅刻しない

●課題：　世界で一番早く走れる選手を用意してください

日本　「最新のトレーニング技術を駆使しよう」
北朝鮮　「我が国以外全て滅ぼせばよい」
韓国　「一番早い選手を韓国人認定すればよい」
アメリカ　「世界で最高の施設と技術を用意し、それでもだめなら最高の選手にグリーンカードを発行し、それでもダメなら競技のルールを変え、それでもダメなら選手を持つ国は大量破壊兵器を備蓄している疑いがある」

●課題：　ある豪華客船が航海の最中に沈みだした。船長は乗客たちに速やかに船から脱出して海に飛び込むように、指示をしなければならなかった。
船長は、それぞれの外国人乗客にこう言った。

アメリカ人には「飛び込めばあなたは英雄ですよ」
イギリス人には「飛び込めばあなたは紳士です」

ドイツ人には「飛び込むのがこの船の規則となっています」
イタリア人には「飛び込むと女性にもてますよ」
フランス人には「飛び込まないでください」
日本人には「みんな飛び込んでいますよ」

国民性は、その国の個性であり文化でもある。それを理解し、お互いを尊重することが大事だ。価値観の違いは時にはインバウンドの受け入れ側をイライラさせることもあるし、最悪の場合、インバウンドをもうやりたくないと思わせることもある。

しかし、それはインバウンドの問題ではなく、個性を見つめる作業を忘れているからだ。ホスピタリティとは、観察することで見えてくるものだから。

世界は現金を持たない。現金を信じない。日本人の現金神話は商機を逃す

コロナによって世界はますますデジタル決済が普及した。そもそもお金を受け取り渡す事は清潔な事でないという事も後押しした。そのような中で、いまだに日本では現金決済が喜ばれる。印刷技術の高度な発展があるので偽札を作りにくいのが現金決済から抜けきれない部分である。

そもそも金融全般において先進国であるにも関わらず、決済においては進化が遅いのが不思議な状況が起きている。それでも、クレジットカードの浸透はようやく進み出した。

しかし、今だにスーパーや飲食店でもクレジットカードを出すと「うちでは扱っていません」と敵

意のある目で見るところがあるのは不思議である。つまり「クレジットカード手数料を払うほど余裕のある商売をしていません。それだけギリギリで顧客のためにやっているのです」と言いたいのであろう。

彼らの中で間違えているのは、クレジットカードを扱わない事で得た利益があってとしても、扱わない事で逃した利益が大きいという事を計算できていないのである。

増えたとは言え、人口比からすると外国人は最盛期ですら日本人の３割未満なので、日本人が我慢強く現金で決済してくれているからインバウンドは無くても大丈夫と言いたいのかもしれない。

昔、ＪＲがＳＵＩＣＡを導入した時期に電子でピッと改札通るより、フェイスtoファイスで駅員さんと挨拶してパンチしてもらう方が良いと言った人が多かった。数十年経った今、誰もそんな人はいない。つまり進化の波が勝つのである。

ましてや海外から来る人は為替リスクという別の恐れを乗り越えてやってきている。それぞれの値段の値ごろ感がわかりにくい中、どれが一万円札で五千円札で千円札でと計算するのも実は大変なのである。ましてやコインなどはわかっていない。電子決済ができない店、クレジットカードが使えない店はかなりの負担を彼らに強いる事になる。

中国もかつては現金決済のみの国であった。それがＶＩＳＡが緩和されて多くの人が日本に来るようになったときに銀嶺カードというクレジットカードが出てきた。これは２００２年の３月に中国国務院（日本の内閣と同じ、国の最高行政機関）の同意を得て、中国人民銀行をバックに創設されたカードだ。いわゆる国策カードで国が保証したものである。国の保証なので東南アジアの各国はこぞってカードの受け入れをした。ところがこのカードも日本では浸透するのに10年近くかかった。そしていち早く家電業界が率先して銀嶺カードを導入して空前の利益をあげた。

いい事ではないが、大和民族は支払のツールに対して臆病なのだ。

この時、中国では人民元の持ち出しには5000ドルの規制があった。つまり現金には持ち出し制限があり、使用に制限があった。ところが銀嶺カードは口座残高まで利用可能であった。つまり使える金額が全然違うのでお店は銀嶺カードを利用可能とすると数十倍売上が変わった。

決済の金額が変わるのは例外であるが、決済における時間が短縮できる。さらには現金だと使ってしまった感覚が抜けないが、カードや電子決済は金銭感覚を麻痺させて売上を伸ばす効果もある。

コロナになって非接触が主流となったのでよけいに電子決済の方が求められるようになっている。

金銭における習慣の違いも、インバウンド時代は知っておく必要がある。チップの国では小銭以下はチップで出すから、小銭以下をきちんと計算して渡すという感覚も少ない。

ちなみにイスラム国家には利子という考え方がない。例えば日本で普通に支払が送れると利子がかさむから期間内で払うようにという説明は彼らには理解できない。

神が認めない行為なのである。金利を取るのではなく貸した金の分利益の配分をもらう考え方とでも言おうか。

例えば50万貸した場合、その金でどのくらい利益を生んだか報告して、１００万で10万利益を生んだなら半分の50万貸しているから5万は貸したものの利益なのだ。利益が2円なら1円なのである。

その他決済でもめるのが多い例をあげるならば振込手数料の2重払い問題である。それぞれの国の銀行が手数料を取る事である。クレジットカードを受け付けない旅館とかがたまにまだ日本にある。

その場合は事前に国際送金となる。

例えば３万円の宿泊費だとすると海外側の銀行が３万送るときに１５００円の手数料を取って３万１５００円を本人から貰って、３万円を送金する。

ところが日本についてから日本側の銀行が手数料を取る。1行とは限らない。普通は2行ぐらい経由する。そうすると旅館についた金額は2万7０００円となる。

当然チェックイン時に旅館は２７０００円として扱う。ところが本人は3万円送金した証明がある。

この場合大きくもめる。理由はどちらも正しいからである。

だからクレジットカードや電子決済が重要となる。

それと、日本人が知らなくてはいけないのは海外の人は少額コインと高額紙幣は受け取るのを嫌がる。日本人は小銭でもお金と考えるが海外では小銭はお金というよりゴミなのである。高額紙幣はリスクが多いのでこれも偽札が多いから嫌がる。

つまり5円、1円は消費税で出ても嫌がられる。5千円と1万円も不安なのである。そして通貨がよく入れ替えられるので紙の紙幣は不安でしょうがない。この気持ちを知っておかなくてはならない。

もうひとつ現金を嫌がる理由を説明しておこう。

要は暗算ができないのである。１００引く2がすぐに98と言えないのである。90・91・92と数えて足しながら不思議な確認方法で１００とする。数秒かかる事も少なくない。

筆者がアメリカ留学時代におつりをさっと計算すると、お前は天才かと言われた事を思い出す。

現金を扱う場所にマスクをしている人がいるのも不安がる。海外では現金を扱う人は顔を見せるのが常識だからだ。それは払う方も受け取る方も同じである。

国によってはレジの前にマスクをして立つとそれだけで逮捕されるか撃たれるのが海外の常識である。日本のようにマスクしたままレジに並ぶのがクセになっているとそのうち日本人が海外で悲惨な事件に巻き込まれないかも心配になる。

さらに言えば、財布はレジの前に行く前に出しておかないとレジの前で胸から財布を出すとこれも銃を出すのかと思われて先に撃たれることも国によっては起こる。実際に警官に交通違反で呼びとめられて胸から免許証を出そうとして射殺された人が毎年出てくる。もちろん警官は無罪になることが多い。

お金において、インバウンドで大事なのは「迅速な決済」「計算の煩雑さを顧客にさせない」「持ち運びの便利さ」「為替のリスクの存在」これを頭に入れておこう。

世界が驚く「日本食」の不思議

前に食事について語ったが、ここでは日本食に特化して取り上げたい。今の時代だからこそ、世界にアピールしたいのが日本独特の食文化だ。

先ほどの食事の話では世界の食事について触れたが、ここでは日本食について詳しく説明する。

なぜ著者がこれを語るのかというと、著者はペルー生まれ、アメリカ育ちで、日本に帰国したときには舌が完全に外国人のままだったため、海外から日本に来た人の味覚が理解できるという特異な立場にあるからだ。その目線から、日本食について語りたい。

帰国した当初、著者は日本食をほとんど食べられず、寿司さえも食べられなかった。しかし、今では日本食の大ファンだ。ただし、今でも和菓子や納豆、生卵は食べられないままだ。なじめない部分も残っているが、日本食の素晴らしさは理解している。

日本人には当たり前のことでも、外国人、特に日本にあまり親しみのない国の人々が嫌がる食べ物が日本食には存在する。たとえば、著者は日本人が甘いアンコを食べるのに最初は抵抗があった。欧米では、大豆は主食系の食べ物として認識されており、それを甘くすること自体が受け入れがたい。例えるなら、米に大量のお砂糖を入れてお菓子にするようなもので、大豆を甘くするということが受け入れ難いのだ。

寿司の普及によって生魚を食べる文化は広まったが、日本で最も驚くのは「お頭付き」と呼ばれる、頭がついている魚が出てくることだ。

中国や韓国の一部では見られるが、先進国では魚料理は骨が全て取り除かれ、頭もない状態で出てくるのが一般的だ。頭がついたまま魚が出てくるのは、牛や鶏を頭付きで出すようなもので、目がついている状態で出ると逆に怖いと感じる。

シラスなどの小魚でも目が怖い。

さらに、生きたまま踊り食いするなんて考えも及ばないだろう。この感覚は日本人には理解しにくいだろう。まぐろのかま焼きや金目鯛の煮付けで目の周りを美味しそうに食べるのは、牛の目玉をしゃぶっているのと同じように見える。文化的に先進国でなければ、未開の地の原住民と思われても仕方ない。

著者は子供の頃、頭がついた食べ物にショックを受けた。

また、日本でははらわたがついたまま魚が出され、お箸で骨を取り除きながらはらわたがついている近くまで食べる。この様子は、鶏の内蔵付きのチキンを、難しい道具で内蔵をうまく取り除きながら食べるようなものだ。

そのため、日本人は海外が嫌がる内蔵に対しても抵抗がない。初めてサザエを食べたとき、サザエの端にある緑の塊を祖父に食べさせられたときは、ウンチを食べさせられたと悶絶した記憶がある（今では好きだが）。このように、内蔵の苦みも美味しいと理解できると、カニ味噌やエビ味噌など、内蔵を出汁に入れるのにも抵抗がなくなる。食通には良いが、一般的な外国人には悶絶ものだ。

生卵が苦手な外国人も多い。日本に来た外国人がすき焼きを生卵なしで食べることが日本人には理解しがたいことだろう。

日本に帰国して日に日にやせていく著者を見て、祖父が心配して「日本で一番おいしいものを食べに行こう」と誘ってくれた。

ワクワクしながら向かったのは、伊勢海老料理の「中納言」という日本料理屋だった。活造りという、生きたまま刺身にされた伊勢海老が出された。

祖父に言われて渋々手を伸ばしたとき、海老の目がこちらを向いていて、目が合った瞬間には驚かされた。

そのような著者も大学生になり、京都に住むようになってからは、素材を活かした日本食の良さや懐石料理の魅力を楽しめるようになり、今では和食が一番好きだ。

日本食は今や世界に広まり、知名度も高い。それに伴い、海外では独自に発展した日本食もどきが現れた。

例えば、日本の巻き寿司にマヨネーズやアボカドを使ったカリフォルニアロールなどだ。これは日本を理解してもらうための導入としては良いかもしれないが、もちろん本来の日本食ではない。

さらに、日本食の技法を生かした新しいアレンジも各地で見られるようになってきた。抹茶風味のアイスクリームなども、日本食への誘いの一つだ。しかし、本当に知ってもらいたいのは、素材へのこだわりや野菜そのものの甘みを生かした風味作り、旨味などの繊細かつ大胆な日本料理の世界だ。

出汁の味を重視する日本料理は、当初海外で受け入れられなかった。出汁は日本独特のもので、海外には飲む習慣がなかったからだ。

しかし、現代では有名なフレンチレストランやイタリアンレストランが、出汁を取る技法や日本風のアレンジを取り入れた料理を提供している。これが、日本食がリスペクトを獲得している証拠だろう。

そうした日本食の魅力を広めるのが、インバウンドのプロとしての使命だと考えているし、読者にも本物を知ってもらうと同時に、何が苦手かも理解してもらうことがインバウンドの本質だと思ってほしい。

生魚が苦手、生卵が食べられないと言うと「だったら日本食を食べなくていい」と言う人がいるが、それは間違っている。

インバウンドの未来としては、「嫌いなら来るな」ではなく、「嫌いな人を好きにさせる魅力が日本食にはある」と工夫して伝えることが大切だ。

実際、以前は生魚が食べられなかった著者も、今では寿司が大好きだ。

本物の魅力は時間をかけて理解してもらえるということが、日本の職人の本領発揮だと思う。

インバウンドは、日本が好きな人だけが来るものではない。

これからのインバウンドには、日本を好きにさせることが求められる。それがインバウンドの未来だ。

外国人を惑わす日本の「案内や表記」って

最近、街角で日本語と英語を混ぜて道を尋ねている人を見かけた。その人はとても必死で、「あの、誰もが知っているトゥタージャに行きたい。待ち合わせしているので……」と周りの日本人に必死に聞いていたが、誰も理解できない様子だった。遠くから見ていた僕は、もしやと思い、その人に聞いてみると、それは「TSUTAYA」のことだった。

TSUTAYA の最後の「YA」はスペイン語圏では「ジャ」と読む。ちなみに、第二音節を長く発音し、アクセントをつける国が多いので「ツター」と「タ」を強く発音し、「ター」とするのが一般的で、日本のように短く「タ」と発音するのは独特な点だ。これも知っておくといいだろう。
日本人で英語のアルファベットの読み方が知られていない人も多いが、アルファベットをすべてカタカナで表すのは幻想だ。国際社会が進む中で、インバウンド時代においても日本の案内や表記はまだ不十分だと認識すべきだろう。

例えば、小野さんと大野さん。どちらも日本のヘボン式ローマ字表記では「ＯＮＯ」となる。この表記だけでは、日本人でも小野か大野か判断できないが、外国人にとってはさらに困惑するだろう。
日本の案内は、アルファベットだけでは判断できない不思議な表記が多い。故・安倍元首相の「安倍」でも、「あ～べ」「あべ～」「あ～べ～」など複数の発音が可能だ。同時に、カタカナ表記の英語も外国人を混乱させる原因になっている。

例えば、観光地でよく見かける「アイ　ラブ　東京」。これを東京まで聞くとわかるが、ラブだけを言われると、「ＬＡＢ　研究室」「ＬＯＶＥ　愛」「ＲＵＢ　こする」「ＲＯＢ　奪う」のいずれなのか判断できない。カタカナでは「ラブ」となるが、「愛している」と言っているのか、「泥棒～」と助けを求めているのかが区別できない。

また、スペイン語圏では「Ｈ」は発音しないので、本田選手は「オンダ」と発音される。Ｊは「ハヒフヘホ」となるため、英語圏での「ジェームス」は「ハメス」（ＪＡＭＥＳ）になる。発音だけでなく、日本人は和製英語を正しい英語と勘違いしていることも多い。（和製英語→正しい英語と誤認）

いくつか良く使われる言葉を言えば、

・サラリーマン　↓　office worker
・フリーター、アルバイト、パート　↓　Part time job
・フロント　↓　Reception
・クレーム　↓　Complaint
・コンセント　↓　US/ outlet　UK/socket
・ノートパソコン　↓　Laptop computer
・ブラインドタッチ　↓　touch-typing ブラインドは差別用語
・チャック　↓　Zipper チャックは日本のメーカーの商品名
・キーホルダー　↓　Key Chain or Key ring
・段ボール　↓　Cardboard
・オーダーメイド　↓　made to order
・ガソリンスタンド　↓　US/gas station UK/ Petrol station
・タレント　↓　celebrity タレントはそのまま才能あるという意味
・スキンシップ　↓　Physical contact

- レンジ → Microwave
- パーカー → Hoodie　パーカーはイヌイット語
- コック → Chef
- マンション → Condominium マンションは大邸宅
- リサイクルショップ → Secondhand store
- バックミラー → rearview mirror
- クーラー　air conditioner
- ホッチキス → Stapler ホッチキスは発明者の名前
- セロテープ → Scotch tape セロは会社名
- アメリカンドッグ → このままではアメリカ産の犬　Corn dog
- ビーチサンダル → Flip flop
- バイキング → buffet restaurant or smorgasbord restaurant
- モーニングコール → wake up call
- パンチパーマ → curly hairstyle

日本人が大好きなハワイで入国審査のときに日本人が審査官から「What is your job?」と聞かれて大声で「Salary man」と答えて混乱を巻き起こしているのを何度も見た。

ハワイであれば慣れていて間違いでも通してくれるが日本人が少ないエリアでは別の部屋に呼ばれることがある。「パンチパーマ」などは論外である。

海外の美容院ではこれも大混乱をもよおすことになる。

和製英語を直せと言っているのではなく、皆が英語だと信じて疑っていない言葉が実は日本人が勝手に作っている日本でしか通じない言葉であり。それが実は多いというのをインバウンド時代では知っておかねばならない。

日本はメニューも含めて英語表記が少ない。そしてわずかな英語表記も単語の選択を間違えて大きな失敗を犯している。

確実に自信がない限りは単語で表記ではなくセンテンスで書くのがいいだろう。センテンスで書くと間違えていてもある程度は類推が出来る。または日本人が得意なピクトグラム（絵文字）を利用するのもいいだろう。

日本のピクトグラムは世界でも評判が良い。さすが漫画の国である。

次に世界の常識をもう少し学ぶ必要がある。何が英語表記、ドイツ語表記、スペイン語表記、中国語表記、韓国語表記なのかは60分もあれば学べることなのでそこをちゃんと知っておくとミスしないだけでなく商機も広がる。

・英語　子音で終わる言葉を母音で終わらせるような発音をしない
・スペイン語　Oでおわるのは男、Aで終わるのは女性、Hは無声音、Jは行
・フランス語　Rがガ行、Cはサ行、子音の合成音が多い
例としてはaiエ、oiワのように
・中国語　発音が判らない場合が多いので、彼らの声調記号のピンインを使う。アルファベットであるのでそれを聞く
・韓国語　日本語に似ているのは漢字語があるから、先に漢字があるか聞く
漢字から発生の言葉であれば発音が類推できる。

インバウンドにとって和式トイレなども説明が必要だ。

使用法を知っているのでなければどちらが前かどうかもわからない人は多いだろう。日本人は自分たちが当たり前にしていることは他の人にもわかるだろうという考えを持っている人が多いように思う。社会レベルでそういう細かいところまで案内することへの認識が低いのだろう。著者には和式トイレの前で必死に我慢しながら携帯で使い方をネット検索している外国人の姿が容易に想像できる。

このトイレについては日本人の得意のピクトグラムを使った案内表記が合っているだろう。

多くの観光地で日本語を英語、中国語、韓国語で表記できるようになっているのは見かけるように

なってきた。

ただ、勘違い用語が少なくない。それは我々インバウンドを迎える日本人の意識が和製言葉の気が付いていないことや、気が付いて当たり前と思い込んでいることが少なくない。

インバウンド感性を磨かなくてはならない。

勘違いしやすい「暦の違い」とは

日本では昔、陰暦を使用しており、明治時代になってから陽暦を使うようになった。暦というのは世界共通ではなく、日本国内でも異なる。暦の違いによる不便さは、両方を経験している日本だからこそ実感できる。日本各地で行われる七夕祭りが7月7日ではなく、8月7日前後に行われる地域があるのは、祭りや俳句の世界では未だに陰暦を使用しているからである。

例えば、仙台の七夕祭りは8月6日から8日である。しかし、お祭りや行事の中には陽暦に合わせて日時を修正しているものもある。例えば、京都の白峯神社の精大明神例祭などは陽暦の7月7日に開催されている。このように、現在日本で使用されているのは陽暦であるが、陰暦の文化は今もあちこちに残っている。

今でもお隣の韓国や中国は陰暦を使用している。チャイニーズニューイヤー（中国の旧正月）には、台湾、中国、韓国から多くの人が来日している。最近では、チャイニーズニューイヤーは広く知られるようになり、日本でも馴染みのある言葉となっている。

陰暦を使用している人々に対して気をつけるべきこともある。それは、正月やお盆に限らず、相手の誕生日を祝う場合も陰暦の国の人には陰暦の誕生日で祝わないと、別の日にお祝いしていることになってしまう。もちろん、グローバルな時代なので、実際の誕生日におめでとうと言われなくても、相手も間違いだと理解してくれるだろう。しかし、大切な取引先や友人の誕生日を間違えるのは気持ちの良いことではない。陰暦を使っている国の人と接する際は、相手の誕生日を聞いたときに、それが陰暦なのか陽暦なのかを確認しておくと良いだろう。

ここまで暦について話してきたが、実は陰暦の日付を導き出す確実な方法はない。陰暦と陽暦は月と太陽の動きによる計算だけではなく、数値に誤差があり、最終的には人為的に日付が変更されているため、変換サイトを利用して変換する必要がある。明治時代、日本は大混乱を経て陽暦が定着したのである。

例えば旧暦7月15日は、新暦8月8日頃から9月6日頃の間を毎年移動する。

●2009年　陽暦9月4日→陰暦7月15日
●2010年　陽暦8月24日→陰暦7月15日
●2011年　陽暦8月14日→陰暦7月15日
●2012年　陽暦9月1日→陰暦7月15日

細かいことを言えば、日本の歴史で習っている年号や日程は旧暦である。つまり史実に出ている旧文書の言葉はすべて旧暦なので陽暦の日程に直す必要がある。だから古文書で現在の夏の日が夏ではなく秋であったりすることが起きる。

誕生日だけではなく、陰暦の国に人は年の数え方にも違いが大きく出る。つまり日本でいう数え年であるが、実際には数え年についてもう日本では正確に理解していることが難しくなっている。数え方において古い数え年は正月になれば年を取る方式をとっているが、昭和以後はそれは数え年に入れていない。

さて、中国や韓国、台湾ではどうかというと、これも国によって違いがあるが最も正式に陰暦の考え方を踏襲している韓国では、

●生まれた瞬間に1歳となる
●正月が来てすぐにまた年をとる

つまり12月31日に生まれた子は二日後には2歳になるのである。

さて、現在世界最大の人口を擁する中国の祭日を紹介しよう。

●陽暦　1月1日　（陽暦の1月1日　祭日）
●陰暦　旧正月　（２０１７年では1月28日から2月2日までの7連休）
●陰暦　清明節　（春の到来を告げる休み　２０１７年は4月2日から4日までの3連休）
●陽暦　5月1日労働節／メーデー　（労働者の日。週末連休とあわせて3連休）
●陰暦　端午節　（２０１７年は西暦の5月30日。3連休）

●陽暦　10月1日（国慶節　中華人民共和国の成立を記念する祝日。8連休）

●陰暦　中秋節（8月15日です。2017年は国慶節とあわせて8連休）

欧米の中では最大の訪日外国人の国であるアメリカ合衆国の祭日も知っておきましょう。

●1月1日　元日のみ

●1月第3月曜日　マーティン・ルーサー・キング誕生日

●1月20日　2017年はアメリカ合衆国大統領就任式

●2月第3月曜日　大統領の日（ワシントン誕生日）

●5月最終月曜日　メモリアルデー

●7月4日　独立記念日

●9月第1月曜日　レイバーデイ（勤労感謝の日）

●10月第2月曜日　コロンブス記念日

●11月11日　ベテランズデー（退役軍人の日）

●11月第4木曜日　感謝祭（サンクスギビング）

●12月25日　クリスマス

アメリカの祭日は日本と比べると少ないように見えるが、欧米は休みを1カ月から3カ月という大型の休暇を取るのが一般的なので休みが少ないわけではない。

さて、暦で忘れてはならないのはイスラム圏である。

イスラム教では金曜日が休日で、日曜日が休日という日本の習慣とは異なる。理由は開祖のモハメッドがメッカに入ったのが金曜日だからということである。インバウンド時代では、日本の常識が世界の常識ではないということも知らなくてはならない。イスラム圏からすると土日は日本の平日と同じである、当然、打合せのメールも電話も平気で入る。

つまりイスラムの大きなグループを受け入れるのに土日に休むのは致命的ということだ。

キリスト教が日曜日が休みだからといって世界中そうだという考えは払しょくすべきだ。

ちなみにユダヤ教の休日は土曜日で日曜日は平日になる。

もうひとつイスラムには有名な断食月のラマダーンがある。この期間に日本に来ているインバウンドの人には日没まで食事は不要だ。それも知らずに朝食付きなどの提案をするおバカなホテルや旅館もしくは受け入れ先があれば、もう二度と戻ってくることはない。ラマダーンの時期には人々はよく海外に出かける。なぜかと言うと国内が機能しないのが理由である。

ラマダン月の間、ほとんどのイスラム教徒は日の出から日没まで食べ物と飲み物を断つ。多くのイスラム教徒は日の出前にスフールと呼ばれる食事をとる。日没には家族や友人が集まってイフタールと呼ばれる一日の断食の終わりの食事をとることになる。イフタールでは、多くのイスラム教徒はムハンマドにならってまずデーツ（ナツメヤシの実）から食べ始めるのが習わし。

サウムと呼ばれる断食の義務はイスラムの５つの柱のひとつで、食事、水分摂取、喫煙、性交渉を控えるよう要求するものだと知っておくこと。

イスラムはイスラム歴（ヒジュラ歴）を使っていることをまず知っておくこと。だから太陽暦と同じにはならない。純粋太陰暦であるイスラム暦（ヒジュラ暦）は、閏月による地球が太陽を回る周期との補正を行わず、1カ月が29日の月と30日の月を交互に繰り返していく。

従って1年間が３５４日となるので、1年ごとに11日ほど太陽暦とずれて行く。

およそ33年で季節が一巡するため、「ムスリムは同じ季節のラマダンを人生で2度経験する」と言われている。

２０１７年から２０２０年までは以下のとおり、

	開始日	終了日	
2017年	1438年	5月27日	6月25日
2018年	1439年	5月16日	6月14日
2019年	1440年	5月05日	6月03日
2020年	1441年	4月24日	5月23日

この期間中に受け入れをした組織は、非イスラム教徒も断食中のイスラム教徒の面前での飲食・喫煙を控えるのが礼儀とされている。目につく形で日中に飲食する場合は、一言断る程度の配慮が必要だ。

ラマダン期間中、イスラム教徒にはアルコールが販売されない。もちろん日本に来ているから販売を止めなくてもいいのだが、進めるととても失礼ということになる。仕事は平常どおりにするのが義務とされているが，大半の商店、銀行、企業の営業時間が短縮され、9時〜14時までとなる。

これはイスラムの最低限のマナーなので、それはシンガポールなどのようなMICE大国やアメリカ、ヨーロッパは移民を通じてよく知っており、知らないのは日本だけなので、注意しなくてはならない（中国は国内にイスラム教徒が多数いる、韓国は昨今イスラム対策がなされている）。

暦そのものが共通の認識がない場合は、言葉が通じない以上に思いがけないトラブルが起きるので、このような感覚は大切であるということをまず知ってほしい。

今後のインバウンドは、これまでのように成熟した成人だけでなく、未成年もアニメ文化などに引き込まれて来日するようになるだろうし、スポーツ留学なども増えるだろう。そうなると、日本では未成年と大人の区分により、お酒が飲めたりタバコが販売されたりするが、誕生日の数え方が国によって異なるため、日本の18歳が未成年でも、陰暦の国では20歳と見なされる場合がある。このため、販売する側も未成年と見なして大人扱いすることでトラブルが発生する可能性もある。小さなことではあるが、そのようなことで営業停止になれば笑えない。

インバウンドには、このように様々なセンスが求められることが多い。始めようとしてすぐにできないのは、国際的なセンスが不足しているまま始めると、どうしても相手を怒らせ、自分も一生懸命やっているのに空回りすることになるからだ。インバウンドのセンスは、座学でもかなりカバーできるし、フィールドワークとして海外に行き来することでさらに磨かれる。まずは理解して頑張ってほしい。

知っておくべき各国の「政治」とは

昨今、政治の仕組みは世界で大きく動いており、観光やビジネスにも大きな影響を与えている。コロナのような災害時には、査証の必要性や不要性、またはロシア・ウクライナ問題における各国の立場などが大きな影響を及ぼす。過去から島国であった日本は、基本的に政治に対して無頓着であり、そのため独自の発展を遂げ、独自の文化が育まれたとも言える。

海外留学に一度でも行ったことがある人なら気づくことだが、日本人は自国の政治の仕組みについて説明したり語ったりするのが極端に苦手である。例えば、現在世界で起きているバイデン民主党とトランプ共和党のせめぎ合いや、ウクライナとロシアの戦争、中国の立場、インドの位置づけ、イギリスのＥＵ離脱、極右政党の台頭などの政治の動きについて、日本人が答えられることは少ない。

このポピュリズムと従来の民主主義との違いや、ＮＡＴＯとロシアの関連については、世界の人々が食事の度に議論しているが、日本人が入ると話題が変わってしまう。このような話題にはまだ参加できるレベルでないと見なされているのだ。

日本人は「いい人」「計算が早い」と言われることは多いが、「良い意見を持っている」と大人扱いされることは少ない。

争いたくない人種と思われるわけではなく、何を考えているのかわからない人種と見なされているのである。政治的な問題やイデオロギーに関しては、怒鳴ったり眉をひそめたりすることでしか対処できないと見られるため、誰も関わりたがらず、覚えようともしない。ユーモアを持って返したり、喧嘩せずに話したりできない幼稚な部分が多い。

インバウンド時代には、そのようなわけにはいかない。

イデオロギーや政治が異なる国々から日本の魅力に惹かれて訪れる人々に対して、日本の政治やイデオロギー、一般的な日本人の考え方について説明し、理解を深めてもらう必要がある。インバウンドで来てくれる人々は風景だけを見に来ているわけではない。その点を理解する必要がある。

世界は様々なグループに分かれていることを簡単に説明しよう

●先進国と後進国（先進的な発展途上国とグローバルサウス）

「後進国」という言葉は現在では使用されず、「発展途上国」が主流の言い方となっている。しかし、これは言葉の詭弁であり、明らかに発展している国とそうでない国では生活のレベルに大きな違いがある。かつてはＧＤＰがその指標とされていたが、現在ではＧＤＰが高くても国民全体が豊かでない場合があることがわかっている。

例えば、中国のようにＧＤＰが高くても全体の豊かさを示さない国も存在する。このため、最近では「発展途上国」に加え、人口が多く発展が進んでいない国をまとめて「グローバルサウス」と呼ぶようになっている。多くの途上国は政治体制に問題を抱えており、発展途上国の不満の根底には先進国への怒りがあることが挙げられる。

地球温暖化の問題においても、先進国が過去に放出してきた二酸化炭素の影響を受け、現在ではさまざまな対策が講じられている。しかし、発展途上国は先進国が発展途上の時代に行った環境負荷と同じことを行わないと納得しない傾向がある。発展してから環境問題に取り組むべきだという主張が、国際的な取り組みの弊害となっている。

このような状況を改善するためには、ルールの押し付けだけではなく、発展途上国に対して先進国が歩んできた道を踏まえ、同じ過ちを犯さないように理解を求めると同時に、グローバルな国益を発展途上国にももたらす仕組みを作る必要がある。そのためには、ルール作りとともに協力して取り組む仕組みが求められる。現在、国連はこの課題に対して十分な対応をしておらず、ＣＯＰ会議のような環境会議も拘束力が弱い。このような問題が残っていることを理解しておく必要がある。

●資本主義と社会主義

資本主義と社会主義は、政治の主要な仕組みの２つである。戦後の冷戦時代には、この２つの陣営が対立していた。

ソ連の崩壊や中国の資本主義化によって、社会主義は大きな転換期を迎えている。しかし、単純にはいかない。たとえば、中国では香港という資本主義とメインランドの社会主義という2つの制度が共存しており、同じ国であっても主義や考え方が大きく異なる。さらに、世代間でも考え方が異なる場合がある。

社会主義は一党独裁が基本であり、共産党の意向によって政策が一晩で大きく変わる可能性がある。たとえば、海外旅行の自由化や外貨持ち出し金額の規制などが劇的に変更されることもある。社会主義では資本主義と違って、他の意見によって審議されることは少ないからである。

また、共産党書記という個人の意見も大きく反映されるため、中世の専制君主的な個人の性格を理解する必要がある。共産主義社会は体制維持に最大限の関心を払っているため、メディアの中心であるＸ（旧 Twitter）や Facebook、ＬＩＮＥなどの自由な発言の場が規制されることが少なくない。

そのため、中国からのインバウンド訪問者が多い一方で、同じ民族でありながら資本主義の台湾からの訪問者も多い。受け入れる側は、これらの違いを理解し、適切に対応する必要がある。

●ロシアとウクライナ問題（社会主義・専制国家と自由主義国家）

ロシアのクリミア半島併合に始まり、元々ソ連邦の兄弟国であったロシアとウクライナが戦争を始めることとなった。当初は国力と戦闘力の違いからロシアの圧勝が予想されたが、ウクライナの善戦により、ロシアを支持するグループと西側諸国との分断が進んだ。ここには複雑な事情が垣間見える。

中国は台湾問題を抱えており、ウクライナ戦争の行方を自国の状況と重ね合わせるようになっている。ロシアがウクライナに完全勝利すれば、強権的に台湾を攻めるチャンスと考えていた節がある。そのため、中国は心情的にロシアを支持するグループに加わった。西側諸国は当初、立場を明確にしなかった。ロシアから石油やガスの供給がある協力関係にあり、ドイツを含む西側諸国はロシアを追い詰めることが自国にとってもプラスにならないと判断していたからである。

しかし、戦争が長引くにつれて、立場を明確にしないことが国際社会において困難を引き起こすため、ＮＡＴＯ（北大西洋条約機構）への加盟を申請するフィンランドやスウェーデンなど、中立を表していた国々が動き出し、世界は2つの派閥に分かれることとなった。

ロシアや中国の動きは、グローバルサウスと言われる発展途上国を巻き込み、両陣営の陣取り合戦が激化している。それに伴い、インバウンドの状況にも影響が出てきている。

日本はウクライナ人に対する在留資格の厳格な対応を緩めた一方で、ロシアに対しては対応を強化した。台湾の富裕層は、有事に備えて日本での不動産を購入する人が増えている。今後、中国が日本に対して査証を強化する可能性があるかもしれないし、逆に日本が受け入れに対して厳しい措置を取る可能性も考えられる。新たな分断はクリミア半島から始まっている。ドローンによるモスクワ攻撃については、ウクライナはやっていないと主張し、ロシアはウクライナの仕業だと言っている。その情報の錯綜もあり、双方が情報操作を行っているため、情報の信頼度も不確かであり、突然何かが起こる可能性も考えられる。

ウクライナ・ロシア戦争が中国・台湾問題とリンクし、世界を巻き込んでいるが、このような火種で世界が割れる可能性もある。専制国家・社会主義国家の代表であるロシアと中国は、相当な人口を抱え、自由主義国家に対抗するためにアフリカや南アメリカなどのグローバルサウスと呼ばれる国々を巻き込もうと、あの手この手を使っている。この国際感覚やセンスを磨く必要があるだろう。

●第二次世界大戦勝利と敗退組

枢軸国と呼ばれるドイツ・イタリア・日本は、多くの権利と土地を失いました。何かあると、敗戦国には権利がないという論理が必ず持ち出されます。特に、第一次世界大戦の被害国であった中国や韓国からその論理が多く出てきます。

戦争責任と謝罪の問題は、インバウンドにも少なからず影響を与えます。専制国家・社会主義国家と自由主義国家には似た点もありますが、ここで異なるのは被害者意識の存在です。

被害者意識とインバウンドの関係は、日本にいると気付きにくいこともあります。例えば、戦勝国グループである韓国において、不倶戴天の仇とされる伊藤博文が日本ではお札になったり、英雄視されている現状は、インバウンドで日本人を相手に観光地が育っているので、気付きにくいです。

インバウンドで知っておくべきなのは、同じ日本の中でも、相手の国の歴史によって何を見たいか、または日本人が気にしないようなことが、相手の国から見ると最大の観光地になったりすることです。戦争というのは、当事者の国からすると隠したい内容や簡単に流すこともあれば、相手の国から見ると非常に重要視されることもあります。

例えば、伊藤博文を暗殺した安重根は、韓国では英雄とされています。それにも関わらず、日本に訪れるインバウンドも存在します。日本に来る外国人の中には、慰霊のために訪れる人もいれば、日本が嫌いでも先進国になった理由を見極めようとする人もいます。さまざまな思いで訪れる人々を真摯にもてなして、日本への理解を深めてもらうことも、真のインバウンドの在り方と言えるでしょう。

●プライドの高い文明発祥国と新興地域

ギリシャやローマが発展しにくい理由の一つは、すぐに遺跡が出てくることです。現在、過去の文明の発祥地がことごとく先進国になれていないのは興味深い現象です。それでも、これらの国々の人々は自国を先進国だと思っており、他の発展途上国とは違うと認識している点を理解しておく必要があります。これらの国々の人々は、発展途上国扱いされると憤りを感じます。彼らは人類を導いた偉大な民族だという扱いを求めているのです。

中国、ギリシャ、インドに共通しているのは、先進国を見ても「我々が文化を伝えたおかげで、かつては野蛮だった他の国が発展した」と考えていることです。そのため、見下されることを極端に嫌い、逆にこちらを見下してくる場合があります。

対応の仕方は簡単です。「これは我が国から来ている」と言われたら、「ありがとうございます。おかげで発展させていただきました」と感謝の気持ちを示すのが良いでしょう。ここで相手のプライドを傷つけて「いや、我が国が進化させたのです」と主張するよりも、来日している間だけでも気持ちよく過ごしてもらうのが望ましいです。

一方で、新興国の人々は、伝統と先進性を持つ日本に対して素直に畏敬の念を抱くことが多いです。世界一の国であるアメリカでさえ、京都の老舗が４００年の歴史を持っていると知ると感動し、写真を撮っていくほどです。新興国からの訪問者は、日本から学びたいという思いを持っています。その場合、小さなことでも説明すると喜ばれることが多いです。

例えば、家に入る際に靴を脱ぐことで清潔さを保つことや、温泉ではかけ湯をするのがマナーであることなど、簡単なことでも新興国の人々には新鮮に映ります。

もちろん、文化発祥国の人々も何気ないことに驚くことはありますが、すぐに「我が国では……」と話が進むことも少なくありません。

このように、文化発祥国と新興国という違いがあることを理解しておくことが重要です。

●植民地の足跡を知ろう

ホテルの部屋を分ける際に、カナダとマレーシアのグループを隣同士にすると、意外とすぐに仲良くなることがある。最初は、一方がキリスト教国で、もう一方がイスラム教国なのに、なぜだろうと不思議に思うかもしれない。しかし、実は両国ともかつてイギリスを宗主国としたコモンウェルスの国であり、ラグビーやクリケット、サッカーなど趣味が似ているのです。また、英語が共通言語であることも、関係を築く上で大きな要因となっている。

このように、宗教や制度が異なっていても、同じ植民地の歴史を共有してきたことで、習慣や嗜好が似ていることが少なくありません。

インバウンド対応において、まずその国がどの国を宗主国としていたかを知っておくと、対応がしやすくなります。

例えば、イギリスが宗主国であった国には、どこであってもアフタヌーンティーの習慣が残っている。そういった国からの訪問者には、日本ならではのアフタヌーンティーを提案すると、その時間を楽しんでもらえる。フランスが宗主国であった国の人々はワインを好むし、スペインやポルトガルが宗主国であった国には、シエスタの文化が根強く残っており、夕食よりもランチを重要視する傾向がある。

さらに、彼らの国で流行っているスポーツを知っておいてあげると良い。

例えば、ベトナムからのグループには、コンサドーレ札幌で活躍したクアン選手を褒めると、非常に喜んでもらえる。相手の国を知ってあげるということが相手を敬う一つの大きな一歩でもある。

●宗教は民族より強い。宗教を知っておけ

世界には、宗教を巡って争い、同じ民族でありながら国が分裂することがある。インド（ヒンドゥー教）とパキスタン（イスラム教）の例や、同じイスラム教でも宗派が異なることで対立が生じる場合もある。

イスラム教は日本ではひとくくりにされがちだが、実際にはかなりの違いが存在する。最も有名なのは、サウジアラビアなどのスンニ派の国と、イランやイラクのようなシーア派の国だ。世界のイスラム教徒の約90%はスンニ派であり、数の上ではスンニ派がシーア派を大幅に上回っている。サウジアラビアやバーレーン、アラブ首長国連邦といったペルシャ湾岸諸国の政府はスンニ派が主体だが、イランとイラクではシーア派が政権を握っている。シリアの政権はシーア派の分派であるアラウィ派だ。このように、シーア派の中でもさらに違いがある。

シーア派とスンニ派では祈り方も異なる。スンニ派は両腕を組んで祈るが、シーア派は腕を組まない。また、スンニ派は1日に5回の礼拝を行うのに対し、シーア派は1日3回に凝縮している。シーア派のほうが階層構造による統制が強く、生存する宗教指導者を信奉しているが、スンニ派は過去の宗教指導者が記した学術的書物に従うことが多い。シーア派は、ムハンマドの後継者は義理の息子であるイマーム・アリーであり、イスラム世界の指導権はムハンマドの子孫に引き継がれるべきだと信じている。一方、スンニ派はイスラム世界の指導者は必ずしも世襲である必要はないと考えている。このように、イスラム教に関しては中途半端な知識で宗教の話をするのは避けたほうが良い。キリスト教国でも、ロシア正教、イギリスのプロテスタント、ローマ教皇を崇敬するカトリックといったように分かれている。また、ユダヤ教やゾロアスター教といった宗教も、人口が多いため無視はできない。

宗教に関して知っておくべきことの一つに、食事制限や習慣がある。例えば、イスラム教の国から来た団体には、ロビーにメッカの方角を示すだけでも非常に喜ばれる。少しの手間でも、大きな成果が得られることがある。

●人口構成が若い国と若くない国

フィリピンと日本の人口規模はほぼ同じだ。アメリカ商務省国勢調査局の統計データに基づき、中央情報局（ＣＩＡ）が発表した２０１３年７月時点のフィリピンの総人口は１億５７２万人とされ、人口増加率は毎年１・９％とプラス成長を続けている。フィリピンは今後も高い成長が期待されており、世界人口ランキングでは12位に位置している。日本（10位、１億２７２５万人）との差はわずかだ。

フィリピンの出生率は３・23（62位）であり、日本は１・39（１８４位）であるため、フィリピンの人口は今後も増加していくだろう。２０２３年には、フィリピンの総人口は1億１２８９万人、日本は1億２３３０万人とほぼ横並びになった。

最も衝撃的なのは平均年齢で、日本は46歳、フィリピンは33歳と、フィリピンの方が圧倒的に若い。人口構成が若い国からの訪問者は、成熟した国と異なり、第二次世界大戦などの歴史を引きずっていない。価値観が新しく、スマートフォンや新しい技術への適応が速い。そのため、経済的には発展途上国であっても、キャッシュレス決済のような新しい技術がすぐに広まる。発展途上国でありながら、年老いた先進国よりも新しい技術を取り入れる速さが目立つことがある。

さらに、フィリピンは人口が増え続けているため、兄弟や家族が多いのが特徴だ。国家への帰属意識よりも、移住への抵抗が少なく、日本に来るインバウンドの中には観光だけでなく、将来的にこの国に住めるかどうかを探る目線がある。

インバウンドを考える際には、多角的な視点を持つことが重要だ。インバウンドの専門家と呼ばれる人の中には、宗教や「先進国か発展途上国か」という単一の視点で語る人が少なくないが、実際にはもっと多くの分け方がある。それらが複合的に絡み合い、対応方法が決まることも多い。民族だけでなく、政治的な要素もインバウンドに大きく影響を与える。

人の流れは、ある意味天気予報のようなもので、時に大きな嵐が吹き荒れ、突然の豪雨が訪れることもある。

さまざまな要素が絡み合っているため、独自の視点や指標を持つことが役に立つだろう。「法治国家か、人知国家か」「資源国か、無資源国か」といった視点もインバウンドを理解する上で有効だし、スポーツ好きなら「サッカーが人気の国かどうか」といった切り口で見るのも面白いかもしれない。

あなただけのインバウンドを築くことで、その魅力がさらに深まるだろう。

第3章　インバウンドの特徴と重要性を知る

インバウンドは土日祝日も動く。日本の休みにとらわれない

コロナが発生して、ＧＯ　ＴＯ　ＴＲＡＶＥＬという内需振興が行われた。

当初、政府も民間も、日本は内需が強いため、コロナ禍でも内需を活性化させれば何とかなると考えていた。しかし、実際に起きたのは、日本人の旅行需要や消費行動がカレンダー通りの土日祝日中心にしか動かないという、当たり前の現実だった。

日本人は単一民族で、習慣もほぼ同じだ。同じ習慣を持つ人々は、同じ暦で動く。そのため、正月は全員にとっての正月であり、お盆は全員にとってのお盆となる。もちろん、百貨店や美容室のよう

に水曜日を休みにしているところもあるが、大多数は土日祝日が休みであり、結婚式やイベントは金土日に集中するのが一般的だ。

しかし、コロナ以前のインバウンドやコロナ後のインバウンドの大きな特徴として、外国人観光客は土日祝日にとらわれないという点が挙げられる。休暇を取って日本に来ている人々にとって、明日が土曜日であるかどうかは関係ない。むしろ、混雑を避けるために平日を選んで動くことが多い。

また、外国人観光客は異なる習慣を持っているため、お盆のような仏教徒の休みに縛られることもない。仏教徒が多い中国ですら、正月は旧暦に従っており、陽暦で祝う日本の正月には関係なく行動する。さらに、中東の国々では日曜日が休みではなく、金曜日が安息日だ。活動の中心となる日が国や民族によって異なるため、それぞれの国の祭日も異なる。

例えば、２０２２年のワールドカップサッカーでは、サウジアラビアがアルゼンチンに勝利した11月23日が、サウジアラビアにとって国民の祝日に制定された。

日本人の習慣と異なる国から来る人々にとって、日本の祝日や習慣で休みを取ることは、自分たちの価値観にはない。参考にはしても、それにとらわれることはない。

もともと常に混んでいた京都や都内のホテルは、コロナが発生してもしばらくは安心していた。あまりにも混雑していたため、常連客の予約が取りにくい状況が続いていたことから、少し落ち着いた方がよいとすら考えていた。しかし、コロナが始まって気づいたのは、常連客も結局は日本人であり、日本のカレンダー通りに土日祝日しか動かないという現実だった。
つまり、平日がどうしても埋まらない。特に月曜、火曜、木曜が深刻な状況となった。ホテルや旅館の中には、月曜を休みにするところも出てきたが、これは長期滞在客を受け入れられないことでさらに状況を悪化させることになった。

コロナ以前、日本ではＭＩＣＥ(国際会議やイベント)の誘致に各自治体が力を入れていた。これは、日本の土日祝日しか需要が動かない文化に対して、平日にイベントを持ち込むことで平日の過疎化を何とか解消しようとしたためである。

しかし、ＭＩＣＥですら、実際には土日を含めてイベントや会議が行われることが多くなり、参加者が土日を組み込みたがる傾向があった。その結果、平日はある程度埋まるが、土日にＭＩＣＥが開催されると固定客が離れていくという問題が生じた。

これに対して、インバウンド客は長期滞在者が多く、曜日にこだわらないため、平日や日本人が動かない月曜日から金曜日、さらには朝早い時間帯でも行動する。彼らは、日本に来ているという「ハレ」の意識で早起きを苦にせず、時差の影響もあり、深夜や早朝でも楽しければ積極的に活動する。これは企画や運営側にとっては大きな利点だ。

そもそも、海外から日本に来る人々は、店が11時にオープンするのに、9時頃から町をうろうろしてカフェに入ったりして時間を持て余していることが多い。特に中華圏の人々は早朝から朝食を取り、活動を始める傾向があるため、店を早く開けると、海外の観光客が自然とやってくる。特に平日は日本人が仕事をしているため、ショッピングや食べ歩きが空いており、インバウンドのゲストにとっては平日がむしろ嬉しい時間帯となる。

日本のインバウンド受け入れ側の運営は、まだ改善の余地がある。

例えば、「Monday Sale」として月曜日だけ安くするキャンペーンを英語や中国語で告知するなど、ターゲティングしたインバウンド向けのプロモーションを実施すべきだ。しかし、日本人はこのようなことをすると土日に来る日本人の売上が落ちるのではないかと考え、踏み出せないのではないかと思われる。

そもそも、セールが日本に導入された当初も、「得意先が逃げる」と言って実施しなかった店は少なくなかった。

しかし、セールを行っても、しっかりした商売をしていれば顧客は離れない。こうした日本人の心配性な部分は、インバウンド戦略には不向きだ。

もし、あなたの店やビジネスが平日に苦戦しているなら、インバウンド向けの戦略を考えるべきだ。

インバウンドは滞在期間が長い

長期滞在者とは、内閣府の調査によれば、2週間以上日本に滞在する訪日外国人を指す。そして、２０１８年には長期滞在者が全体の20%を占めていた。つまり、来日する外国人の5人に1人は2週間以上滞在する、いわゆる「太い客」だ。これは、内需だけでは達成できない大きな経済効果をもたらしている。

滞在期間が長いということは、受け入れ側にとって大きなメリットがある。クレジットカードの登録やパスポート情報の確認、チェックイン・チェックアウトの手続き、名前の登録や読み方の確認といった一連の作業を、一度済ませれば何度も繰り返す必要がない。

さらに、食事の好みや日々の予定（ジョギングをするなど）が滞在中に分かってくるため、よりきめ細かいサービスを提供しやすくなる。

加えて、1泊の客を30人見つける手間と、1人が30泊してくれる手間では大きな差がある。手間は30倍違うのに、売上は同じだ。長期滞在のインバウンド客は、平日を含めた全日程をフルに消費してくれるし、提供されるすべてのサービスを体験してくれる傾向がある。朝食をバイキングで取ったり、和食を楽しんだり、館内のマッサージを利用したりすることも珍しくない。

長期滞在者の特徴として、気に入ったサービスを何度も利用するリピーターになりやすいことが挙げられる。そのため、もしサービスを気に入ってもらえれば、彼らは何度も訪れる。さらに、友人を連れて再訪することも多い。インバウンド客同士で情報を交換し、気に入ったサービスやお店の情報を共有することも一般的だ。

例えば、軽井沢のカフェやショップが土日に来る日本人客に精一杯もてなしても、次に来るのは1年後か、さらに遠い未来かもしれない。そして、その頃には店のことを忘れてしまっている可能性もある。しかし、長期滞在のインバウンド客は、記憶が新しいまま何度も来店してくれる。この傾向は無視できない。

さらに、長期滞在者は消費動向が予測しやすいため、仕入れや準備が無駄なくできる。短期滞在者

30人のうち、全員がバーに行くかもしれないし、誰も行かないかもしれない。

予測が難しいため、全員が来ることを想定して人数分の品物やスタッフを用意しなければならない。しかし、長期滞在者の場合、今日はバーに来ない日だと分かれば、人員を減らして対応でき、無駄を省くことができる。

また、長期滞在者は大都市だけでなく、地方都市にも足を運ぶ余裕があるため、思わぬ場所にも現れる。彼らは感性が豊かで、小さな記事やＳＮＳなどからすぐに行動を起こすので、提案の効果が高い。

文化体験への関心も高く、各地で文化体験プログラムに参加するのもこの層である。つまり、文化体験を提案すると高い確率で成功する可能性がある。

リピーター率は、国に対する評価とも言える。官公庁の調査によれば、２０１７年に日本を訪れた外国人訪問者のうち、リピーター率は短期滞在者が67・6％、長期滞在者が55・8％だった。つまり、長期滞在者の半数が満足している一方で、もう半数は満足していない可能性がある。このリピーター率を香港やアメリカ、フランス並みの85％前後に引き上げるだけで、消費は大きく動くだろう。しかし、現時点では長期滞在者に適した環境が十分に整っていないため、このギャップが観光収入の差として現れている。

コロナ前の統計によると、訪日客３０００万人が来たときの日本の観光収入は約５０００億円であった。それに対して、フランスでは1兆円、アメリカでは約3兆１０００億円の収入があった。日本は訪問者数に対して観光収入が少ないが、これは長期滞在者のケアが不十分であることが原因だ。今後、日本が成長できる部分でもあり、現時点での弱点でもある。

ネットの反応が良い（フットワークが軽い）

観光客というのは基本「冒険者」である。

見たことのないもの、触れたことのない物に挑戦しがちである。そしてその冒険のマインドがインバウンドの訪問者は高い。日本の観光客は自分の好みで動くが、インバウンドの訪問者はわざわざ日本まで来ているのだからと好みであろうがなかろうが多くのことに挑戦したがる。

特に、来日する人が情熱をもって動きやすい方向性について４つのメジャーな方向がある。

●１つ目はその文化や伝統である。

日本の独特の文化や伝統に高い興味を持っている。茶道、着物、武道、書道などの文化交流について飢えている。そして観光客目当てのパッケージでない本物志向が強い。特に日本独特の美意識や精神性の原点がどこにあるのかを常に求めている。歴史や芸術性などについても常に関心を持っている。

●２つ目はその料理や食文化への探求。

そこには日本が世界有数の長寿国であり、年齢の割に若く見える人が多いという美へ追及も重なっている。特に代表格は寿司である。

元より生ものを食べない習慣の海外では戦前までは生ものを食べる日本の習慣には馴染めなかった。そこには生鮮食料品の管理方法の進化も同時に含まれており、今や海外でも寿司がメジャーになった。それでも日本で食べる寿司と海外との違いを見つけては感嘆している。和食の醸し出す季節感や美的感覚も彼らを刺激している。加えて各地にあるＢ級グルメであるお好み焼きや、もつ鍋、餃子や、ほうとう等も覚えて帰りたいと彼らを刺激する。

和菓子の独特の美やお茶との絶妙なマッチングにも興味は尽きない。

●3つ目はその現在の日本の技術や革新への関心も高い。

ロボティクスや自動化などの進む国でありながら伝統を重んじているのが信じられないようである。自動販売機の写真を撮っている外国人を多く見かける。ただ、クレジットカードやバーコード支払いなどが遅れている点もあり、かなり戸惑わせているところも少なくない。早急に改善したい部分でもある。

●4つ目は自然や風景の魅力。

四季折々の風景や温泉、桜、庭園などにはどうやって来たのかわからないが必ず海外からの人がいる。富士山の登山道の細道にすら、訪日外国人がいるのを皆さんも見かけていると思う。

訪日外国人は情報に飢えている。そして日本はその情報の提示が遅れている。

ＳＮＳで日本語でつぶやいても、英語や中国語でないと彼らには届かない。面白いのは日本人は現地の情報だけでは動かない。そのアクセス（行き方）や運営の細かい時間や込み具合を参考にして動く。ところが訪日外国人は面白ければ、そのアクセスや運営時間などの細かい内容は確認せずにとにかく向かってくる。

日本人の企画者の特徴だが、「完全な情報のものを作りたがる」だから時間がかかり、好期を逃す。それよりコンテンツだけでも良いのでアップすることがインバウンド時代には必要となる。そして少なくとも英語対応はしておきたい。

移動を厭《いと》わない

東京から京都に日帰りで行くことが、インバウンド客の間で流行している。

中には、京都日帰りの翌日に広島を日帰りで訪れる人もいる。我々日本人からすれば、京都に一泊してから広島に向かうのが自然だと思うが、彼らは全く気にしないようだ。

どうやら、新幹線での往復を「移動」だとは思っていない節がある。彼らにとっては、我々が苦痛に感じる移動時間も、新幹線というアトラクションを楽しむ時間なのだ。

天気が良ければ富士山が見えることもあり、広島を訪れた後に「次は富士山に行きたい」と騒ぎ出すこともある。移動が苦痛でないため、どこまでも楽しんで行けるのだ。

この背景には、新幹線が乗り放題になる「ジャパンレールパス」の存在がある。このパスは非常にお得で、訪日外国人旅行者の移動に対する考え方を変えた可能性が高い。

ジャパンレールパスは、訪日外国人旅行者を対象にした新幹線の乗り放題パスである。海外のＪＲ指定販売店や代理店で引換証を購入し、日本到着後に引換所でパスと交換する方法と、ウェブで購入して受取箇所でパスを受け取る方法がある。いずれの場合も、利用資格を満たす必要がある。

利用資格は、日本国外のパスポートを持つ人や、海外在住の日本国籍者が対象だ。残念ながら、国内に住む日本人は使えない。パスの種類は7日間、14日間、21日間の3種類があり、普通車とグリーン車（一等車）を選ぶことができる。

どのくらい得かと言うと、

海外のＪＲ指定販売店・代理店で購入する場合の料金は、以下の通り。（２０２３年4月現在）

- 7日間ＪＲパス：２２５・００＄（普通車）／３０９・００＄（グリーン車）
- 14日間ＪＲパス：３５９・００＄（普通車）／４９５・００＄（グリーン車）
- 21日間ＪＲパス：４５９・００＄（普通車）／６３５・００＄（グリーン車）

日本国内の一部箇所で購入する場合の料金は、以下の通り。

●7日間ＪＲパス：3万3610円（普通車）／4万4810円（グリーン車）

●14日間ＪＲパス：5万2960円（普通車）／7万2310円（グリーン車）

●21日間ＪＲパス：6万6200円（普通車）／9万1670円（グリーン車）

ジャパンレールパスは、新幹線や特急列車等の指定席が予約できるので、通常料金よりもかなりお得である。

例えば、東京から京都まで新幹線で行くと、普通料金は1万4050円かかるが、ジャパンレールパスを使えば無料だ。これでは、当然行くだろうと思う。京都から大阪、あるいは東京から横浜や大宮へ行くのも、新幹線をまるで山手線感覚で使うわけだ。

このような制度のメリットがある一方で、インバウンド客の行動力と移動を厭わないエネルギーはすさまじい。

例えば、瀬戸内国際芸術祭が直島を舞台に3年に一度開催されている。

この芸術祭は、瀬戸内海の12の島を舞台にした現代アートの祭典であり、海外のＳＮＳで広まり、アクセスが悪いにもかかわらず、アニメ『新世紀エヴァンゲリオン』の影響もあって、直島には多くの海外からの訪問者が集まっている。

このアニメは、１９９５年から１９９６年にかけて放送されたＳＦロボットアニメで、直島が舞台として登場する第24話は特にフランスで人気が出た。その結果、直島ではフランス語が飛び交う光景が広がるようになった。

瀬戸内国際芸術祭２０２２年の春会期には、コロナ禍にもかかわらず約１万人の外国人が訪れ、前回の２０１９年春には６万人が押し寄せた。人口３０００人にも満たない島にこれだけの数の観光客が集まるのは驚異的だ。

実際、直島の農家の軒先でフランス語で「シャルマン！（素敵）」と言いながらカメラを回す外国人が多く、著者も富士山近くの樹海にある神社で幽玄な雰囲気を楽しんでいた際、突然奥から外国人のカップルが現れた経験がある。

彼らはフットワークが軽く、ＳＮＳなどの信頼できる情報を得るとすぐに行動に移す。これは欧米人だけでなく、中国や韓国、台湾、タイなどアジアの国々からの観光客にも同様の傾向が見られる。

例えば、神戸に美味しいケーキ屋があると知ると、彼らはそのために新幹線で東京から訪れることもある。

日本人には考えにくい行動だが、彼らはこうした魅力的な情報に対して非常に敏感であり、行動力がある。これがインバウンド時代の特徴だ。

一方で、日本人もロンドンから週末に日帰りでパリを観光するなど、海外では「あり得ない」と言われる行動を取っている。

また、日本の観光ツアーではパリ一泊、ローマ一泊、バルセロナ一泊といった強行スケジュールも平気で企画されている。

これは京都日帰りよりもすごいことかもしれない。

つまり、土地勘がないことと、観光の高揚感が行動力を後押ししているのだ。

インバウンド市場は、自社の商品が大いに響く潜在的な顧客を掘り起こすことが可能な市場である。

直島に多くの外国人が押し寄せたように、どの街や店でも同様の可能性がある。

インバウンドは日本人が行かない場所や物に価値観を持つ

２０２２年４月、コロナ禍の真っ只中、大阪の治安が悪いと評されたあいりん地区に、星野リゾートが「星野リゾート ＯＭＯ７大阪新今宮」を開業した。この地区は「労働者の街」として知られ、路上で寝そべる人や浮浪者が多く、いわばごみ溜めとまで言われていた場所だ。そんな街にリゾートができるというのは驚くべきことだった。

実は、このあいりん地区は日本人には敬遠されていたが、外国人には人気のエリアだった。理由はまず生活費の安さにある。

例えば、宿泊費が２００円や５００円で済む宿があり、食事も１５０円ぐらいから提供される店がある。

さらに、どろぼう市場では日本のアンティーク品が安く手に入り、地元住民が気さくに外国人に話しかけてくれる。

このように、日本人の価値観では見落としてしまうエリアが、外国人には魅力的に映ることがある。東京の例で言えば、恵比寿と五反田は隣同士の駅であるにもかかわらず、「恵比寿」という名前が付くと賃料が高くなる。一方で、通り一つ隔てた五反田は安くなる。

このように、日本人の見栄が地価に反映されるが、海外からの人は純粋に安さを重視し、安い方を選ぶ。価値観の違いだ。

さらに、日本では東北の大震災以降、海に近い不動産の人気が低く、山の中腹にある物件の価格が上がっている。しかし、海外では海に面した不動産、いわゆる「オーシャンフロント」の価値が高く、真っ先に売れるのは海側の家だ。この点でも、日本人の価値観とは大きく異なる。

また、日本人が好む1階や2階の住居は、中国人には不人気だ。日本人は地震の際にすぐに外に逃げられるように低層階を選ぶ傾向があるが、中国人は高層階からゴミを投げ捨てられることを嫌がるため、低層階を避ける。ここでも価値観が逆転している。

古民家に関しても、海外からの観光客は「ＣＯＯＬ」と称賛し、新築の家よりも古民家を改造して住むことを求める傾向がある。これは、日本人が見捨てている地方の空き家が、外国人には魅力的に映るという皮肉な現象だ。

インバウンドには、こうした価値観の広がりによってビジネスチャンスが生まれる可能性がある。星野リゾートのように、その先を見据える力があれば、日本人には見向きもされなかったものが新たな価値を持つ。

日本で廃棄予定の車をロシア人が大量に買い取り、自国で販売して利益を上げた例と同様に、日本で価値がないとされたものが、インバウンドによって再発見されることがある。

例えば、日本のカレーライスには小麦粉が使われているが、これはもともと、日本がまだ貧しかった時代に、海軍がカレー粉のコストを抑えるために小麦粉を混ぜたことに由来する。

１８７６年、札幌農学校でクラーク博士が生徒たちに少ない材料で作ったカレーを提供したことは有名だ。特徴として、安価に作れるだけでなく、とろみがある。

この日本式のカレーが、今では本家インドのカレーに対抗して、多くの外国人観光客を引き寄せている。ロンドンでは、ついにカレーのチェーン店「ＣｏＣｏ壱番屋」に長蛇の列ができ、２０２３年２月現在、レスター・スクエア店とホルボーン店の2店舗が大盛況だ。売れ筋のチキンカツカレーは13・4ポンド（約２６００円）、ポークカツカレーは12・9ポンド（約２２００円）、定番のビーフカレーも9・9ポンド（約１８００円）で提供されている。

今後も、インバウンドによって日本の価値が再発見され、それが新たなビジネスチャンスにつながると考えられる。

こうした発見にはセンスが必要だ。

例えば、日本人が当たり前に使っているものが、外国人によって意外な形で活用されていることに気づくかもしれない。そして、それをただ見過ごすのではなく、ビジネスチャンスとして捉えることが重要だ。

具体例として、タイや韓国からの旅行者は、日本の料理に辛さが足りないと感じ、自分たちでコチュジャンなどの調味料を持参することが多い。

日本の焼肉屋やレストランでも、辛さを選べる店が増えているが、メニューにコチュジャンなどを追加で販売するのも一つの方法だし、辛さに応じて料金を変えるというのも一案だ。こうした細かな需要に応えることがリピーターの獲得につながる。

さて、発想を180度転換して、あなたが抱えている問題をインバウンドで解決できないかという考え方を持つのも良いだろう。

例えば、田舎のおじいちゃんが高齢で作物の栽培が難しくなり引退を考えているなら、空き家を無料で提供し、その代わりに農作業を手伝ってもらうという提案をしてみるのも一つの手だ。日本人なら誰も来ないだろうが、価値観が異なるインバウンド客に対しては、可能性が高いと考えられる。今後、法整備や支払い方法なども徐々に整っていくだろうが、こうした「インバウンド脳」がこれからの時代には求められる。

最後に、インバウンドによって街が様変わりし、発展した例として新大久保がある。

かつては新宿の裏町で、工場や職安が近くにあったことから、ドヤ街が発展し、古い連れ込み旅館やラブホテルが並ぶ、危険な雰囲気の街だった。

当然ながら地価も賃料も安く、日本人は避けていた。しかし、そこにアジア、とりわけ韓国からの人々が押し寄せたことで、今や渋谷を超えて日本の若者に人気の街となり、住みたい街ランキングにも常に名を連ねるようになった。

これは、インバウンドが街だけでなく、価値観そのものを変えた例だ。

予約が商売を助ける（売上の見込みや長期・中期・短期の施策ができる）

もしもホテルが事前予約なしで、当日ウォークインの客だけに頼っていたら、食材の仕入れや従業員のシフト計画はできなくなるだろう。

そんな事態はあり得ないと一笑に付すかもしれないが、飲食店や他の店舗では、実際に将来のビジネスの見通しがないまま見込みで仕事をしているのが現状だ。

インバウンド客の最大の特徴は、何と言っても「予約をする」ことだ。遠い国からはるばる訪れるため、無駄足を踏みたくないという理由もあるし、彼らの文化ではそもそも予約をしないで出かけることがない。行列に並ぶ文化がなく、事前にしっかりと予約してから行くのが一般的だ。温泉や博物館なども、可能な限りウェブで予約しようとする。予約ができないとわかると、それを含んだパッケージを探し始める。

例えば、オリンピックやワールドカップなどでチケットが取りにくい場合、日本人は席がなくて困っているのに、海外からの人々は簡単にチケットを取ってくる。大きな大会では、それぞれの国に割り当てられたチケットがある。日本人は日本のサイトで取れなかったら諦めてしまうが、海外の人々は自国で取れなければ他国のサイトを利用してチケットを確保する。結果、日本で開催されているにもかかわらず、外国人が座席を占有することになるのだ。これは、予約に慣れているからこそできることだ。

一方で、日本人は事前予約をする人が少ない。

人気の店は予約を受け付けないこともあるし、「予約なしで行く店はいい店だ」という日本特有の考え方も存在する。さらに、日本人は天候や気分で食事を決めたがる傾向があり、計画性に乏しい。また、彼女やクライアントとの食事の際に、「今日は和食の気分ではない」と言われてキャンセルするのを避けるため、あえて予約しないことも多い。このように、予約をしないのは日本人の真面目さゆえの行動だとも言える。直前に「席が空いていますか？」と電話することは、予約とは言えない。

ただの段取りに過ぎない。

幼少期から予約する習慣が身についていないこともあり、予約には拘束感や義務感を抱く傾向がある。

また、彼女やクライアントに「○○という店に行きましょう」と提案するプレゼン能力に慣れていないため、断られる可能性があるのも予約を避ける理由だ。これに対して、海外の人々は提案するプレゼンが上手で、断られることがほとんどない。

インバウンド客はこのようには考えない。

まず、店が営業しているか、休みではないかを疑い、他国にいることから店の存在自体を心配する。そして、予約をすることで無駄な待ち時間を避け、希望の席やメニューを確保できる。欧米の人々は特にテラス席を好む傾向があり、店側の都合で席を割り振られないよう、事前に確認することを重視する。海外では、予約客だけに特別メニューや割引、シェフの挨拶などのサービスがあるため、積極的に予約をする。

日本人の場合、デートの際には店を予約することが多いだろう。空いていないとデートが台無しになるからだ。しかし、職場からランチに出るときには、空いている店を見つけて入るのが普通で、いちいち予約はしない。

これが基本的な日本人のメンタリティだろう。並ぶことを嫌がらない性格も影響しているかもしれない。
ネット社会が進み、予約はしやすくなっているものの、職場からランチに行く際に「予約が取れたから行こう」という人はまずいない。日常の出来事だからだ。

さて、これがインバウンドになると事情が変わる。
朝食、昼食、夕食に至るまで、予約なしで動くことはまずない。前日に翌日の予約をする人も少なく、来日前に行きたい店を検索して予約を済ませてから来日するのが一般的だ。国土が広く、移動に時間がかかる国が多いこともあり、良い店では1年間予約が取れないことがヨーロッパやアメリカでは常識になっている。

この「予約する」というインバウンド客の特性は、店側や関係者にとって非常にありがたい。予約なしで店に来て、飲み物と最安のメニューだけを注文して長時間滞在するウォークイン客が増えると、アルバイトの雇用計画すら立てられず、食材の仕入れも不確定なままになる。だが、1ヶ月先まで予約で満席となり、コース予約が入っている状況では、店は仕入れや人員計画が立てやすくなる。安定収入を確保でき、ドリンクなどはプラスアルファの収益となるため、経営は安定する。

さらに、予約を通じて、どの食材が苦手か、焼き加減に注文があるかなど、当日言われるはずの細かいオーダーも事前に把握できる。

例えば、夕方に20組の予約が入っており、そのうち8組が車で来るということが事前にわかっていれば、駐車場の計画も立てやすい。駐車場が足りない場合は従業員の車を別の場所に動かすなどの対応も計画的に行える。

予約があることで、特定の時間帯の状況も把握しやすくなる。

例えば、和食レストランが20時の時点で満席であるとわかれば、店は三味線パフォーマンスを入れるなどして、インバウンド客の満足度をさらに高めることができるだろう。

また、予約客の連絡先や嗜好などを利用した個別のマーケティングが可能となり、ビッグデータを活用してトマト料理が好きな客に向けた「トマト料理の日」などのイベントを企画することもできるだろう。

「今日もお客様が来ますように、晴れますように」と神頼みする経営から脱却するためには、インバウンド客の存在が欠かせない。

購買意欲が高い。まとめ買いする。交渉もしてくる

日本人が東京から温泉に行く場合、友人や上司にいちいち土産を買うことはない。それは、友人や上司も自分で来ることがあるからだ。

しかし、海外から日本を訪れる人はそうはいかない。ＳＮＳの時代、すぐに「日本に行ってきた」ということが拡散され、自分自身も日本に来ていることを自慢したい気持ちがある。また、文化の異なる国に来ること自体が楽しいものだ。そんな心理を持つ人々が、どのような買い物をするのか分析してみよう。

●１つ目は、自分が帰国してからも便利に使えるものを買うこと。
例えば、ウォシュレットのようなトイレの設備は、海外には存在しなかった。お尻の洗浄やビデ、乾燥機能までついたトイレは珍しく、自分用に持ち帰りたいと思う人も多い。つまり、自分のために購入する品だ。

●２つ目は、ＳＮＳで来日を知っている友人や上司、同僚に対して、何かしらお土産を買わざるを得ないということ。こういった場合、同じものを大量に購入する傾向がある。

●３つ目は、商売に目覚めることだ。日本にしかないもの、あるいは海外でも手に入るが日本では安価に買えるものに気づくと、それを友人に売ろうとか、ビジネスに利用しようと考える人が出てくる。

●４つ目は、中国の農村部などから日本に来る場合だ。この場合、親族が資金を出し合って送り出してくれることが多い。そのため、資金提供してくれた親族へのセンスのある土産が必須となる。

もっと具体的な数字を観光庁が発表している。

２０２２年７～９月の平均利用金額は31万３０００円となっている。しかも金額は増加傾向が止まらない。

そのうち、買物代が34・７％となっている。つまり一人11万円を買物に費やしている。

同じく観光庁の調査で日本人の旅行消費金額は２０１９年が３万３３９８円で２０２３年はコロナも終息して消費動向が伸びて４万２２７７円となった（1～3月）。

このうち買い物への金額は10％となり。２０１９年では３３４０円、２０２３年では４２２８円となる。つまりインバウンドの顧客の消費傾向は２０２３年の消費増大の時期においても日本人の26倍強の購買力があるということになる。

ただし、文化の違いもあり、海外の人々は定価が売値だと信じていないことが多い。

だから、交渉してくることがよくある。

日本の売り手側はこれを失礼だとかマナー違反と感じることが多いが、海外では日本のように言い値で買う文化は少なく、店も高めに設定しているのが普通だ。そして、値切り交渉は売り手と買い手のコミュニケーションの一部として楽しまれている。交渉はマナーの一部であり、店に対するリスペクトも込められている。

さらに、まとめ買いをする場合、海外では交渉が可能なことが多い。スーパーでもまとめ買いをする際には、何ができるか相談してくることがある。

これで理解できるかもしれないが、26倍の購買力を持った客は交渉しないと売れないということだ。

インバウンド文化に対応するためには、価格交渉に備える店であるかが重要になる。

交渉が始まる前の兆候として、品物を褒めてくることがある。これが交渉のスタートだ。

しかし、一筋縄ではいかないこともある。たとえ思い切った値段を提示しても、他店と比較したいから回ってくることがある。この場合、他店の店主がインバウンドに慣れていると、あなたの提示した価格よりも安く設定される可能性があり、その結果、客が戻ってこないこともある。そうなると、インバウンド対応が難しいと感じるかもしれない。

「今決めてくれたらさらに値引きする」といった方法で、最初からボトムラインを示さないようにするのも一つの方法だ。これが必ずしも正解とは限らないが、交渉とは進め方によって変わるものである。

そして、26倍の購買力を持った客がいるのも事実だ。

インバウンド時代を楽しみながら、工夫して乗り切ってほしい。

もちろん、どの国のどの客も26倍の購買力を持っているわけではなく、それはあくまで平均値である。その人が何を求めているか、国や年齢層によって違いも出る。そこも観察力、コミュニケーション力、交渉力が試されるポイントだ。これがインバウンド世代の生き方だろう。

店を成長させる。客と共に育つ

基本的に、日本人と違って、インバウンド顧客は自分の好みをはっきりと伝えてくる。それも細かく指定してくる。

例えば、ミルク1つとっても、スターバックスに行ったことがある人ならわかると思うが、ローファットミルク（低脂肪）、無脂肪乳、普通のミルク、ソイミルク（豆乳）、アーモンドミルク、オーツミルク、ココナッツミルクといった選択肢がある。

それぞれのミルクには根強いファンがいる。

乳製品がダメだけどミルクの味が好きな人にはソイミルクやオーツミルク、ココナッツミルクが選ばれる。出身国によっても好みが分かれる。ソイミルクはアジア系や菜食主義者に人気があり、アーモンドミルクは欧米系や健康志向の人に好まれ、オーツミルクは環境意識の高い外国人に頼まれやすい。

日本人には、自分の好みを伝えることに対して店に対する悪い印象を持つ人が多く、店任せになりがちだ。そのため、店側は顧客のわがままととらえてしまうことも。日本の接客は先進国の中でも遅れていると言えるかもしれない。ミルクひとつにしても、海外ではこれが普通のことで、海外スタンダードに近づけないと短期滞在の顧客はもちろん、長期滞在者からも居心地が悪いと感じられる。

肉の焼き方についても、日本ではようやく「レア」「ミディアム」「ウェルダン」が広まってきたが、これらの意味を正確に理解している人は少ない。

例えば、「レア」は肉の表面だけを強火で軽く焼いた状態で、中はほとんど生。「ミディアム」は肉の中心部に赤みが残る状態で、切ったときに中がほんのりピンク色。「ウェルダン」は肉の内部に赤みが残らないようによく焼いた状態。これ以外にも、「レア」と「ミディアム」の中間が「ミディアム・レア」で、完全に火が通ってはいないが肉の中まで温かくなっている状態。完全に生の「ロー（raw）」や、表面だけを数秒焼いた「ブルー」、表面を数10秒焼いた「ブルーレア」、さらに焼いた「ミディアムウェル」、ピンク色がほとんどなくなった「ウェル」、完全に火が通った「ベリー・ウェルダン」など、多くの焼き加減の表現がある。

ファッションにおいても、インバウンドにはさまざまなサイズや色の要望がある。日本人のように白黒中心のファッションでは売れないことも。薬局などでも、海外と日本の薬の効用の違いを理解することで売れ筋が見えてくる。商品開発もインバウンドが加わることで、ラインナップが大きく広がる。

海外では古着市場が大きく、ただ売るだけでなく、着こなしのセンスも提案する。値段だけで勝負するのではなく、センスを売るのが大切だ。日本は資本力で大手が生き残る傾向があり、センスを売る面ではまだ未熟だ。

ただし、好みを聞くことにはデメリットもある。対応に時間がかかるし、日本人のように「これを食べておけ」と言われるのとは違い、ペッパー1つもブラックペッパーがあるかと聞いてくる。成長する気がない店にとっては面倒に感じるかもしれない。水ひとつにしても、ガス入りか無しかを指定してきて、水道水は飲みたくないと言うこともある。イタリアンやフレンチではガス入りの水が普通でも、お好み焼き屋や中華料理、定食屋ではガス入りの水がないのが一般的で、その「普通」をインバウンド客に押し付けてしまうこともある。自分たちが成長するには時間がかかる。

でも、よく考えてほしい。
水ひとつでも、彼らはお金を払うつもりで、「ミネラルが欲しい」「炭酸入りが欲しい」と言っている。決してお金を払わないわけではなく、むしろ請求されるのが当然だと思っている。これはビジネスチャンスであり、水をガス入りと言われた際に「うちは扱っていない」と不機嫌に答えるのではなく、一緒に成長していきたいものだ。

かつてパナソニックの創業者であり経営の神様と呼ばれた松下幸之助氏は著書『私の経営哲学』で、「商品やサービスを提供する側は自分の考えや感覚でなく、客に聞け」と言い続けた。
インバウンドには多くの学びがある。

例えば、日本の商品で外国人が使い方を変えた以下のような例もある。

◇**カイロ**：日本では冬に体を温めるために使われるカイロだが、外国人はそれだけではなく、食べ物や飲み物を温めるためにも使っている。例えば、カイロをお弁当箱や水筒に貼り付けて、温かさを保つという方法だ。また、カイロを枕や毛布の中に入れて、寝る前に温める人もいる。
◇**ヒートテック**：日本では冬に着用する暖かいインナーとして人気のヒートテックだが、外国人はそれだけではなく、夏にも着用している。ヒートテックは汗を吸収して発散する機能があるため、夏でも快適に過ごせるという理由だ。また、ヒートテックは薄くて軽いので、旅行の際に持ち運びやすいというメリットもある。

日本ではヒートテックが夏に飛ぶように売れるインバウンド客の現実に最初は気が付かなかった。答えは客が教えてくれるのだ。

◇**お茶漬け**：日本ではご飯にお茶やだし汁をかけて食べるお茶漬だが、外国人はそれだけではなく、パスタやサラダにかけて食べる。お茶漬けの素は味付けがされているので、簡単に料理をアレンジできるという理由だ。また、お茶漬けの素はインスタントスープとしても使えるので、お湯を注ぐだけで温かい飲み物ができる。

フランスの一流レストランが日本のお茶漬けを調理で使っているのを知っているだろうか。日本人は世界最高齢の平均寿命のせいでもあるし、保守的な側面もあるから一旦固定概念を持つと、そこから離れにくい。

日本人は何か自分達の物に対しての感性の薄さに気が付く必要がある。そしてそれがインバウンドである。

リピーター客はインバウンドにある

これは外国人に限らず、日本人でも同じことが言える。

新しい街に行くと、その場所に馴染んでいくのが嬉しいという感覚がある。ルーティンとして、その街での過ごし方や訪れる場所が決まることで、生活にアクセントを加えたくなる。そしてこの傾向は、インバウンド客に特に顕著に見られる。

日本人観光客が10日連続で同じ店に通うことはまずないが、インバウンド客は気に入った店があれば、一カ月でも連泊することがある。

例えば、荷物を部屋に置いたまま広島や京都に短期間で行き来し、戻ってきたら再びお気に入りの店に顔を出す。

ハリウッド映画で刑事が毎朝同じ時間に同じ店の同じ席に座り、同じものを注文するのを見たことがあるだろうが、それと同じように、インバウンド客もルーティンを作りたがる。そしてそこで挨拶されたりするのを喜ぶのだ。

リピーター客を作るためにはどうすればいいのかが、多くの人が知りたいところだ。相手の好みを覚えるのはもちろん重要だが、それ以上に大切なのが「相手の名前を覚えて呼ぶ」こと。日本ではこれができている人が少ない。

語学が得意でない場合、発音が現地の人と同じようにできなくても問題ない。「スタインベッグさん」を「スタちゃん」と呼ぶのでも良い。

さらに、インバウンド客がリピーターになりやすい理由は、文化の違いにもある。

例えば、イギリスやアメリカのミュージカルでは、同じ作品を何度も観ることが一般的だ。日本では、同じミュージカルを何度も観ることは少ないが、海外ではキャストが変わると観に行くし、演出が変わるとそれも観に行く。このように深く楽しむ文化がある。

日本では同じ朝食を食べる行為でも、日本人にとっては全てが目新しい。

何度来ても新たな発見があり、感動することが多い。おしぼりを写真で撮って感動するシーンをよく見るのもその一例だ。

日本に来ること自体に関心が高いから、トイレでトイレットペーパーを触るだけでも感動する。気に入ったら、何度も通うだけでなく、関連商品も買って帰ろうとする。

例えば、そばが気に入ったら、そば打ち体験をしてみたくなり、さらにそば打ち棒も買うようになる。こうして周辺の商品が売れていく。

そのうち、抹茶や緑茶にも興味を持ち、お茶セットを購入したり、茶こしや急須も欲しくなり、馴染みの店で購入することになる。

ただ、日本のインバウンドはまだ未成熟で、海外のように「この人はこの席が好きだから」といったサービスができていない。

また、関連商品についても「これを置いたら喜ぶだろうな」という感性がまだ磨かれていない。インバウンド対応の進化が求められている部分だ。

インバウンドは発信能力が高い。SNSを深く知ろう

地方の日本で、あまり知られていない店にふらっと外国人が訪れると、その店が外国人客でいっぱいになることがある。こうした光景を見たことがある人も多いだろう。

お洒落でセンスの良い店には、すぐに外国人や若い感性を持った女性たちが集まり、日本人男性はあまり来なくなることもある。なぜこのような現象が起きるのか考えたことがあるだろうか。

それは、インバウンド客がＳＮＳでの発信力が高いため。偶然フランス人がその店に立ち寄ると、気が付けばフランス人だらけになっていたり、タイの人が訪れるとタイ人が大挙して押しかけること

がある。各国の人たちには「ツボ」があり、それを彼らはどんどん発信してくれる。店の名前や雰囲気、価格帯、注意点まで詳しくシェアする。さらに、日本からの情報が好きな人も多いので、その影響は大きい。

また、外国人が宿泊する場所には外国人が集まるため、宿に戻ってから情報交換をすることが少なくない。

翌日の予定が興味本位で変わることもあり、こうした情報交換は有益だ。気に入った店があれば、リピーターとなって友人を連れてくることもある。

多くの場合、こうして発掘された店は英語や中国語などのインバウンド対応が不十分であることが多い。そのため、先に来た人が後から来る人のためにメニューを解説してくれることもある。つまり、店が本来やるべきインバウンド対策を先駆者たちがしてくれているため、訪れやすくなるという点もある。

また、対応が親切な店員の名前やニックネームがＳＮＳにアップされることがあり、その店員に集中することもある。いずれにしても、体験記が集客のきっかけになっている。

店側がこれに気づかない理由の一つは、外国と日本では使っているＳＮＳが異なるからだ。

例えば、中国ではFacebookやTwitter、Instagramが使えないため、WeChatやDouyinが利用されている。それにもかかわらず、日本ではInstagramに写真を投稿すると割引やキャンペーンがあるという店が多い。

ＳＮＳには、それぞれの国で流行っているものが異なるため、日本の店が素敵なインバウンド客を迎えても、その後のつなげ方を自分で断ち切ってしまうことがある。

例えば、日本では非常に人気のあるＬＩＮＥだが、韓国ではすでにＬＩＮＥは過去のものとなり、KakaoTalkやNaverが主要なＳＮＳとして利用されている。

KakaoTalkはメッセージングアプリとして非常に人気があり、多様なコミュニケーション機能を提供している。Naverは検索エンジンとしても知られ、ブログやコミュニティの機能もあり、様々なコンテンツが共有されている。

アメリカやヨーロッパでは、Facebook MessengerやWhatsAppが人気で、それぞれ月間アクティブユーザー数が24億人と20億人に達しています。一方、中国ではWeChatが圧倒的なシェアを持ち、月間アクティブユーザー数は12・6億人です。これらのアプリは、ＬＩＮＥと同様に電話帳を同期させて友人を自動登録し、メッセージの送受信や音声通話などの基本機能を提供しています。

さらに、Facebook MessengerやWeChatはモバイル決済やＥＣなどの付加価値サービスも充実しています。そのため、これらのアプリに慣れているユーザーにとって、ＬＩＮＥに乗り換えるメリットはあまりないだろう。

文化的な違いも大きな要因である。ＬＩＮＥの特徴の一つにスタンプがあるが、日本では非常に人気で、感情や状況を表現する便利なツールとして使われている。しかし、海外ではスタンプに対するニーズや好みが異なる。

アメリカでは、Facebook MessengerでＧＩＦ画像を送るのが流行している。ＧＩＦ画像は動きや音声があって、スタンプよりもインパクトが強い。中国では、WeChatで絵文字やステッカーを送ることが多い。絵文字やステッカーはスタンプよりもシンプルで、派手さが少ないため、中国人の好みに合っている。

スペインでは２０１３年にテレビＣＭを放映し、１０００万人のユーザーを獲得したが、その後の成長は鈍化し、現在ではWhatsAppに圧倒されている。インドネシアでは２０１４年に大規模なキャンペーンを展開し、３０００万人のユーザーを獲得したが、その後の成長は停滞し、現在ではFacebook MessengerやWhatsAppに追い抜かれている。

インバウンドを目指す人は感性が高いことが多い。だから、ＳＮＳで発信しようとして良いコンテンツを作ることができる。ただし、インバウンドのセンスが少し不足しているため、InstagramやＬＩＮＥなどの海外では主流でないSNSに力を入れることがある。

逆に、日本ではシニア層が使っていると若者から言われるFacebookの方が、ＬＩＮＥやInstagramよりも発信力が高いというのは皮肉だ。

今では、日本の若い子たちはLINEさえ使っていないこともあり、海外では非主流になりつつある

Instagramで連絡先や電話をしているという状況が、また面白い。

最近では、テレグラムが海外で多く使われている。

日本でも詐欺事件で使われることがあるので、ニュースで見かけたことがあるかもしれない。テレグラムは２０１３年にロシア人技術者の兄弟によって開発されたＳＮＳアプリで、メッセージが暗号化されるため、秘密が守られる。さらに、一定の時間が経つとメッセージが消える機能もあり、匿名性が高いのが特徴だ。

日本ではあまり実感がないかもしれないが、情報統制を行っている国は少なくない。

中国やロシアだけでなく、アメリカやフランス、イギリスなどの西側諸国でも個々人のメールを監視している。

日本にいるとセキュリティ意識が低くなりがちだが、テレグラムは今後はもっともっと主流になるだろう。

このようなＳＮＳへの意識の変化も、インバウンド時代には知っておくべきことだ。

常にアンテナを張っておきたいっですね。

第4章

インバウンド時代の方向性　あなたに必要なのは何か

修正力

相手の好みに合わせて自分を変えること。これがインバウンド時代の日本がかなり苦手としている部分だろうと感じる。

国全体ではなく、個人に焦点を当ててみよう。

恋愛をするとき、人は相手の好みを知ろうと努力する。中には自分の好みを押し付ける独善的な人もいるが、そういう関係は長続きしない。実は、相手の好みを知る部分が日本人が最も苦手な部分である。どうしても「郷に入れば郷に従え」という考えが強く、日本流を押し付ける傾向がある。それに対して受け入れてくれる人もいれば、苦手な人もいることを理解しておくべきだ。

ベジタリアンへの対応も、21世紀になってからようやく進んできたが、20世紀の間はサラダしか出さない店が多かった。

これからのインバウンド時代には、日本流を貫こうとするのも、変化を取り入れようとするのも、どちらの方向にサービスを持っていっても良いと思う。しかし、相手の嗜好を先に知ってから判断するのが望ましいが、知らないままでは良くない。

宗教や政治といった大きな括りではなく、普通に好みが人によって異なることを理解しておくことが重要だ。

国ごとに違いがあるが、特に日本に多く来ている中国を例に挙げてみよう。

●冷たいごはんを食べない。冷えているごはんを食べる習慣がないので西洋のサンドイッチを含めて、熱がないものを食べると間食のような印象で食べたような気にならない人が多い。

●事前に弁当を出すときは相手との了解が必要になる。

●室内でサンダルなしで過ごす習慣がないので、畳の部屋でもサンダルが用意されていないとサービスが悪いと感じる。フローリングでもそう。床は汚いという前提だ。

●綺麗ですと説明するよりもフローリングの場合はサンダルを用意するように。
●食事においては何種類か選択をさせてあげないと歓迎された気持ちにならない。
●メインディッシュを選ばせるか、中華料理のように円卓のような仕組み。つまり自分で何かを選んだ気持ちが残らないと満足感が少ない。
●傘を店の中に持ってくる。
●玄関の傘立てに立てる習慣がない。（中国では取られる）だから雨の日にはビニール袋を用意しないと店ともめることになる。
●生卵に対する恐怖感が強い。
●すき焼きであっても生卵ではなく、他の選択肢を残しておかないと誰もが食べないというとんでもないことになる。
●夜通し店はやっているものと信じて計画を作る。
●中国では夜半を過ぎればもう朝食の屋台が出始める。
●バイキングなどには量や回数などの細かい指示がないと大変なことになる。
●食べ放題とする場合の、山盛りによそぐことが多い。そして残す。まず知っておかなくてはならないのは中華文化ではゲストが沢山残すことは良いことである。つまり食べきれなかったほどの料理を提供したこと。残さないで全部食べると満足したというより、足りなかった抗議が含まれる。だから必要以上に盛ってたくさん残す。

●店が料理をとりわける。

●氷を入れた冷たい水だけを出さない。中国では漢方医学の見地から冷たいものを飲む習慣がない。それをされると身体にとても悪いと言う意識がある。だから水は常温の水を冷水とは別に用意しておくこと。

●数字の好み（部屋番号などもこだわる）。

●８は商売繁盛の発音に似ているので好きである。

●９永久の久が発音が九に近いのでこの番号も好きである。

●６六六大順という言葉は万事順調という意味で好きである。

●７起きるの発音と同じであるので縁起が良いとされる。

●嫌いな数字は逆に４これは死であり、日本と同じで嫌がられる。「１４」は発音が「要死　Yao si」でもっと嫌がられる。マンションでこの階がないところも少なくない。

●３桁で言えば「５１４」は「我要死」でしんじゃうぞー。この部屋の鍵を渡されたら相当気分を害される。

もっと言っておこう　最低限知っておいてほしい。

● 「２５０」間抜け。　２５０円で販売すると売れないのはそういう理由。

● 「５３７６」私は切れた。

● 「１４８７」アホ。

● 「８３８４」ろくでなし。

● 「７４７４１７４」おまえなんか死んでしまえ。

これらは数字の漢字の発音と本来の漢字の発音が同じで広く知られている。このような隠語はまだまだある。

ここではきりがないので「５２０」I love you　だけ伝えておこう。最も喜ぶ数字は「８８８」で新年ではこの数字が飛び交う。筆者の携帯の番号の中にもこの「８８８」をそっと潜ませて、中華系の人との会話の盛り上がりやコンペの時にさりげなく伝えるようにしている。

ゴミ問題でも、中国人が散らかすと言って日本側がイライラするのはよく見られるが、これも文化の違いが大きい。

日本人からすると、中国人が日本に来てゴミを散らかしているという意識があるが、実際にはゴミをできるだけ散らかさないように気を使っている中国人もいると言える。まず、日本側にも問題が多い。

町中には保安のためという理由でゴミ箱がない。

日本ではゴミを持ち帰る習慣があるため、ゴミを鞄に入れて持ち帰ることがあるかもしれない。しかし、ポイ捨てが一般的な国から来た人にとって、せめてゴミ箱があれば捨てたいという気持ちがあるのは理解できる。ゴミ箱がないというのは、逆に気の毒だと思う。

もうひとつは文化的な違いで、食事の時には海老の殻やしっぽをテーブルの上に散らかす習慣がある。皿に入れずにテーブルに直接投げ出すことが多い。これは、美味しかったという気持ちの表れでもある。散らかすことや残すことが美学とされる国の文化を理解してあげる必要がある。

特にメインランド中国から来ている人は、一党独裁の社会主義国から来ている。

受け入れ側も不平を言う前に、来日初日に文化を伝える、または事前に伝える方法を考える必要がある。

日本に文化的に最も近い中国ですらこれだけ違うので、世界の各国の違いはさらに大きい。相手を知る努力がインバウンド時代には必要なスキルである。一日や二日の滞在なら文化の違いと捉えられるかもしれないが、それ以上になると摩擦が起きる。だから、しっかり知っておくことが基本ルールである。

それをどこから学ぶかが大事で、実は顧客から学べば良い。

例えば、サンドイッチを残しているのを見て、日本の人は「味が合わなかったのか」と思うことがあるが、その場合は観察して聞けば良い。

おそらくすぐには「冷たいから食べられない」と言わずに、「美味しいけど今はお腹がいっぱい」と気を使って答えることが多い。

観察して気が付く必要がある。

すき焼きを美味しいと言っている客が、生卵だけ残しているのを見て、その「美味しい」が「生卵以外は美味しい」と気が付くことが大切だ。

決して語学を学ばなくてもわかるものだ。

同時に、直接聞いても回答してくれない心の声を聴く努力は様々な方法がある。

例えば、一冊のノートを置いても良い。自分たちが観察しているのと同じように、彼らも日本人を観察して学んでいる。

悪気がないことも理解しているが、それを甘えとせず、より深く理解することが上級のインバウンド対応には必要だ。

危機管理能力

緊急事態に対応する能力は必須だ。

例えば、モーニングコールを掛けたけど起きないので様子を見に行ったら亡くなっていた、というようなことも起こり得る。このような場合には冷静に対応できるようにしなければならない。インバウンドの世界では、パスポートのコピーや本国の住所だけでは誰に連絡したらよいのかがわからないし、亡くなった部屋は次の人に貸せないのではないか、葬儀はどうするのかなど、多くの問題が一斉に押し寄せてくる。

もし運良く身寄りの人が見つかっても、日本に行くお金がないから現地で処分してくれ、費用は負担しないと言われることもよくある。正しい対応としては、まず医療機関に連絡し、その後警察に通報することだ。その間、その部屋の予約は振替になる。警察の確認が終わったら、遺族の確認が必要なので、遺族を全力で探し、火葬の許可を取る。遺品は保管し、クレジットカードに関連する保険があれば、クレジットカード会社に確認して請求できる分は請求する手続きを進める。

当然、外務省や大使館への連絡も必要で、遺族への連絡に協力してもらう。遺体の処理については、大使館と相談する。

少なくともこれくらいはすぐに思いつく必要がある。様々なトラブルが発生するが、それをインバウンドの仕事での障害と考えず、楽しめるようになるには危機管理能力が鍵だ。

中国からの団体が来る予定で、来日間際に部屋割りが変更されたとのメールが来た。見ると全部中国語で書かれている。発音やアルファベットがわからないので入力できないまま、鍵だけが目の前にある。どうしよう。

このような場合、着いてから名前を聞くと、大きな団体では相当な時間がロスして大きなクレームになる。この場合は、鍵を渡す袋にもらった中国語の内容を発音がわからないまま、スペルがわからないままコピーして提出するのがいい。部屋に入ってからリーダーに正確な名前を聞くと、無駄な滞留が避けられる。このくらいの機転をきかせて動く必要がある。

考えられないトラブルもある。

例えば、ロシアから静岡の国際会議に参加する人が成田からタクシーで来て、タクシー代が7万円となり、大きくもめたことがある。ロシア人大学教授は詐欺だと言い、ロシアでは１００キロ走っても５０００円ぐらいしかかからないと主張する。しかし、これは日本の物価を知らないためと、ロシアの国土の広さから成田―静岡が近く感じるからだ。この場合、タクシーも悪くなく、大学教授も自国と日本の物価感覚を間違えている。

まずはドライブレコーダーで詐欺でないことを証明し、日本の物価について説明する。その上で、主催者団体にある程度負担してもらうように交渉する必要がある。

また、ある時は中国の団体と台湾の団体を同じフロアに割り振り、大クレームを受けた。満室で大変な時に部屋を調整してフロアを分けたが、中国の団体が台湾より下の部屋であることを問題視して騒ぎ出した。

これはインバウンド担当者の圧倒的な配慮不足と言える。さらに、柔道や新体操の団体を食堂近くに部屋割りすることも配慮が足りないと言える。

大きな会議の基調講演の講師が時間になってもホテルの部屋から降りてこないことがあった。講師は敬虔なユダヤ教徒で、安息日の金曜日の日没から土曜日の日没まで電気を使用できないため、エレベーターにも乗れなかった。ホテルには非常階段を使わせてくれるよう交渉したが、通り一遍の返事しか返ってこなかった。結局、主催者が上階まで迎えに行って非常階段を使って降りてきたため、会議は遅れて始まった。

このケースでは、ホテルの融通のなさから次回以降このホテルは使用されなかった。ホテルからは理不尽だ、規則で決まっていると言われたが、事前の危機管理の知識と対応のまずさが問題だった。ガラパゴスな日本にインバウンドが押し寄せる場合、まず大切なのは危機管理能力だ。

おもてなしは当然必要だが、危機管理能力が不足すると、おもてなしも台無しになってしまうことを覚えておこう。

第5章　日本の魅力を知る

日本の本質の魅力を知ろう

日本の魅力を知ることは、その豊かな文化や伝統、風景、そして人々の心に触れることと同じだ。日本は古来より独自の文化や美意識を築いてきた。それは精緻な工芸品や建築、美しい自然景観、そして心温まるおもてなし文化など、多岐にわたる。

誰もが思いつく日本の美徳として、（1）美しい四季、（2）神社仏閣の美しさ、（3）ハイテクと伝統の共存がある。これらは観光ガイドブックやインバウンド紹介本に任せておけばいい。もちろん、これらも日本の魅力に一役買っている。

日本の魅力の一つは、その伝統文化にある。茶道、華道、書道、日本庭園など、日本独自の美しい伝統芸術や儀式は、千年以上の歴史を持ち、その深い意味や美しさで多くの人々を魅了している。また、日本の祭りや行事も、季節や地域によって異なる魅力を持ち、多彩な文化を育んでいる。

さらに、日本の自然も大きな魅力だ。四季折々の美しい風景、清らかな川や湖、そして富士山やその他の山々など、日本の自然は多様で豊かだ。自然の中に身を置くことで、心が癒され、新たな発見や感動が得られるはずだ。

そして、日本人の心のあり方もその魅力の一端を担っている。礼儀正しさ、忍耐力、そして他人への思いやりや配慮など、日本人の価値観や美徳は、日本の社会を支え、多くの人々に感銘を与えている。

日本の本質的な魅力を知るためには、その文化や伝統、自然、そして人々の心に触れることが不可欠だ。細かいことはここではあえて書かないが、地理を知り、旅行雑誌をめくり、トレンドを見れば気が付くことだ。

本質的な日本の良さがインバウンドの基盤となっていることを知ってもらいたい。

宗教的な自由、イデオロギーの自由がある

日本にいて気づかない魅力の一つが「宗教・イデオロギーの自由」だ。

まず、宗教の自由に関する歴史的背景として、１６４８年に締結された「ウェストファリア条約」がある。これは近代宗教の基本となっていて、住民の信仰が君主の信仰と一致しなければならないと決められていた。つまり、ある君主のもとで生まれたら、その宗教に従うのが普通だった。この考え方は近代の植民地運営にも引き継がれ、唯一の例外がアメリカ合衆国だった。

宗教改革がヨーロッパで起こり、カトリック以外にもプロテスタントが誕生した。プロテスタントの中でも、ルター派、改革派、イギリスの国教、再洗礼派などに分かれた。ルター派は

ドイツや北欧に広まり、スイスとオランダは改革派に。イングランドはヘンリー8世が国教会を樹立した。結果として、イタリア、スペイン、ポルトガル、フランス、ベルギー、ポーランド、アイルランドはカトリックに、イングランドは国教会、スコットランドは長老派となった。

つまり、その地域で生まれたら、その宗教に従うのが当たり前だった。ところが、新大陸にはウェストファリア条約が適用されなかった。

スペインの植民地はカトリックで、イギリスの植民地では国王が特許状（チャーター）を発行し、個人や法人に植民地の経営を任せる方法をとった。そのため、新興宗教がこぞってチャーターを取得し、アメリカ合衆国が誕生した。多くの宗教が共存し、それぞれが宗教的寛容を掲げていた。これが「新世界」と呼ばれる社会で、バプティスト、モルモン、クエーカーなどが次々に生まれた。

アメリカ合衆国での意識改革の一因が「幼児洗礼」にあった。

カトリックは幼児洗礼を行い、ユダヤ教は幼児割礼をする。新大陸では、自分の意思で決められない幼児洗礼が個人の自由を制限するという認識が広まり、個人主義に合わないと感じられるようになった。その結果、信仰が定まった成人だけが洗礼を受ける宗教が生まれ、意識改革が進んだ。これがアメリカ合衆国が他国と異なり強い国力を持ち、自由な雰囲気を持つ理由の一つだ。

日本も世界で珍しくイデオロギーや宗教に自由な国だ。

歴史的には、江戸時代まで仏教や神道を国家の支配下に置き、キリスト教を禁止していたが、明治維新後の西洋化の影響で信教の自由が認められるようになった。

　１８７４年には仏教・神道の中での宗派選択の自由が、１８７５年には信教の自由が保障された。１８８９年の大日本帝国憲法では、第28条で「日本臣民は安寧秩序を妨げず、臣民の義務に背かない限り、信教の自由を有す」と規定された。

　１９４７年に施行された現行の日本国憲法では、第20条で信教の自由と政教分離の原則が明確に定められている。

　この条文では、「信教の自由は、何人に対してもこれを保障する。いかなる宗教団体も、国から特権を受け、または政治上の権力を行使してはならない。何人も、宗教上の行為、祝典、儀式、または行事に参加することを強制されない。国およびその機関は、宗教教育やその他いかなる宗教的活動もしてはならない」と規定されている。この規定により、個人は自分の信仰や不信仰を自由に表明し、実践することが保障されている。

　敗戦も影響を与えたと考えられる。

　土着宗教として八百万の神が存在し、戦前まで信じられていた天皇家が人間として扱われた結果、日本では親の宗教が子供の宗教になることはあっても、絶対ではない。イデオロギーでさえ影響を受けても絶対ではない。この精神的な自由が日本の基礎にあり、海外から日本に来る人たちに居心地の良さを提供している。これがインバウンドの基盤となっている。

水が綺麗、空気が綺麗、ゴミがない

日本の魅力の一つとして、神社や仏閣の数が挙げられるが、実際にはそれだけではない。タイやカンボジアにも多くの寺院があり、フランスやイタリアでは美しくデザインされた建物が街中に溢れている。しかし、日本が特に注目されているのは、その清潔さだ。

まず、日本の水の清澄さは、豊かな山岳地帯からの清流や湖沼、地下水のおかげだ。地域ごとに異なる地質や気候条件が水質を形作り、清澄で美味しい水が供給されている。また、水源の保護や水質管理の取り組みも積極的に行われており、清澄な水を維持するための努力が続けられている。

日本の水道水は非常に高品質で、安全基準を満たしている。徹底的に浄化され、細菌や有害物質がほとんど含まれていないため、外国人にも安心して飲める環境が整っている。

多くの外国人は、日本の水が美味しく、クリアで透明だと感じる。水源が山岳地帯の湧き水で、天然のミネラルや鉱物が豊富に含まれているため、独特の味わいや品質がある。

さらに、水の供給の信頼性も驚かれる点だ。

日本は水道システムが整備されており、安定した供給が保たれている。水道管の状態も良好で、断水や供給の途切れが少ないため、外国人には特に驚きの対象だ。発展途上国や水資源が限られている地域から来た人々にとっては、水の供給の信頼性は特に重要な要素となる。

日本の水道水は、世界保健機関（ＷＨＯ）や欧州連合（ＥＵ）の基準を上回る１００項目以上の検査をクリアしており、大腸菌や有害物質がほとんど検出されない。

日本が森林に恵まれていることも、大きな理由の一つだ。国土の約7割が森林で、森林は水源涵養機能を持っており、雨水が微生物やミネラルによって浄化される。

雪解け水や湧き水が豊富な日本は、まさに「水の国」と言える。環境省が選定した「名水百選」には、美味しい水が１００か所もある。富士山や立山などの高い山々から流れる雪解け水や、地下深くから湧き出る水は、非常に綺麗でミネラルが豊富だ。これらの水を使って作られる酒やウイスキーの評価も高い。

水道水をそのまま安全に飲める国は、世界で約3割と言われているが、その中でも日本を含めて9カ国だけだ。

それらの国は、以下の通りだ。

●日本　●南アフリカ共和国　●デンマーク　●ノルウェー
●フィンランド　●ドイツ　●オーストリア　●アイスランド　●アイルランド

南アフリカは治安に難があり、北欧は活動日が限られる。四季があり、亜熱帯の国で水が飲めるのは日本だけなのである。つまり唯一無二なのだ。

また、水道水をそのまま飲める都市として、シドニー（オーストラリア）とストックホルム（スウェーデン）が挙げられている。ただシドニーは国土が広すぎるのと歴史がないので観光的には不十分である。

水が綺麗だと売り込んでいるが、水道水を飲めるけど注意が必要な国は、21カ国もある。ただ、上の9カ国とは水質が大きくかけ離れている。

それらの国は、以下の通りだ。そして硬水の国が多い。

●スペイン　●イギリス　●スイス　●クロアチア　●フランス　●イタリア　●バチカン市国

●ハンガリー　●セルビア　●アンドラ　●スウェーデン（ストックホルム以外）
●アラブ首長国連邦　●ニカラグア　●コスタリカ　●パナマ　●レソト　●ボツワナ
●ナミビア　●モロッコ　●オーストラリア（キャンベラ以外）　●ニュージーランド

軟水の国は日本だけなのである。

軟水が硬水より良いとされる理由は、主に大きく3つある。

（1）軟水は肌や髪に優しい。
（2）軟水は石鹸や洗剤の泡立ちがよい。

軟水は肌や髪に優しいとされるのは、硬水に含まれるカルシウムやマグネシウムが肌や髪に残って乾燥や刺激を引き起こすことが少ないからだ。

また、軟水は石鹸や洗剤の泡立ちがよく、洗浄力が高いとされる。これは、硬水に含まれるカルシウムやマグネシウムが石鹸や洗剤と反応して泡立ちを阻害することが少ないからだ。

（3）また、日本食は素材の風味を生かすことが重視されるため、味が主張しない軟水が適している。

反対に、硬水は苦みがあり、口当たりが重く感じられることがある。硬水に慣れていない人（日本人も含めて）は、硬水を飲むとお腹を壊したり、体調不良を起こしたりする可能性が高い。

日本人が長生きできる理由や若さの秘密にも、ここに大きな要因があるかもしれない。日本が「水の国」であることを知っておくべきだ。

次に、比較的空気が澄んでいる美しさは、日本の環境政策や排出規制の強化、産業の技術革新によって実現されている。

高度成長期と比べると、大気汚染対策や緑化活動、再生可能エネルギーの導入などが進み、都市部でも比較的クリーンな空気が保たれている。

さらに、日本の整然とした景観やゴミの少なさは、日本人の意識の高さと行動の結果だろう。公共の場や自然の中では、ゴミが適切に管理され、ポイ捨てせずに持ち帰るという考えが広まっている。

また、美しい景観を保つための環境美化活動や清掃活動も盛んで、地域社会の協力によって維持されている。

初めて日本を訪れる外国人は、「なんてゴミのない国なんだろう」と驚くかもしれない。

災害は多い。そして防災大国である。リスクはあるが安心

日本の防災については、多くの人がある程度気づいていると思う。

日本には多くの災害が存在する。台風は秋だけでなく一年中来るし、地震も頻繁に起こる。大雨による土砂崩れもニュースでよく見かける。そして津波も歴史的に経験している。さらに、日本は世界で唯一の原子爆弾の被爆国でもある。山は噴火し、川は氾濫する。

それにもかかわらず、日本の死傷者数はかなり少ない。

日本の災害による死傷者数は、災害の種類や年度によって異なるが、例えば２０２１年版防災白書によると、２０２０年の自然災害による死者・行方不明者は１４４人だった。一方、アジアの他の国々では、一つの災害だけで日本の年間死傷者数を超えることがある。

例えば、２０１１年のインドネシアのアチェでは約8万人が亡くなった。この「約」は、正確な数字がわからないほどの規模だった。２００８年の四川地震（マグニチュード７・８）では、死者数が6万９２２７人だった。日本で未曾有の被災があったのは２０１１年の東北震災で、マグニチュード９・０という規模だった。マグニチュードは地震のエネルギーを対数で表した数値で、マグニチュードが1増えるとエネルギーは約31・6倍になる。つまり、マグニチュード９・０の地震は、マグニチュード７・８の地震の約１０００倍のエネルギーを持つ。

それでも、東北震災で亡くなったのは2万２３１８人で、うち1万８９７７人は津波によるもので、地震そのものによる死者は３３４１人だった。１０００倍の地震に対して罹災者が少ないのは、建物や火事に対する防災対策が進んでいたからだ。残念ながら津波は防げなかったが、世界一の都市である東京での死者は7人で、これは世界的に見ても驚きの数字だった。

本来、災害が多い日本はもっと被災してもおかしくないが、防災対策が優れているため、人的な損傷がほぼない。労働災害と比較するとわかりやすい。

２０２２年の労働災害発生状況によると、労働災害による休業4日以上の死傷者数は13万２３５５人だった。これに対して、災害による死傷者は０・００１％に過ぎない。

もちろん、日本では自然災害や交通事故など様々な災害が発生しており、死傷者をゼロにすることは難しい。しかし、日本の災害対策は他国と比べても高い水準にある。

例えば、治水について見てみると、日本は江戸時代から霞堤や横堤などを使って治水に取り組んできたし、信玄堤で有名な治水の知識も豊富で、堤防がいたるところにある。

しかし、堤防が存在する国は海外ではまれで、自力で整備した国はほとんどない。

日本は災害と共生している国で、防災意識が高いため安心できる。海外から来る人たちが安心できるのも、この防災の仕組みによる。

気象庁は地震や津波などの自然災害を予測し、警戒レベルを発表して人々に情報を提供している。

また、都道府県や市町村レベルでも災害時の対応を計画し、避難所や避難経路の整備、避難訓練の実施などを行っている。

防災に対する取り組みも進んでいる。防災教育がその代表例だ。学校や地域での防災教育が重視されており、地震や津波、台風などの災害に対する知識や避難方法、防災グッズの準備が広く普及している。

建築基準の強化も大きい。日本では地震や台風に強い建築基準があり、建物の構造や材料には耐震性や耐風性が求められる。また、河川や海岸沿いの地域では洪水や津波に備えた適切な建築が行われている。

さらに、1000年以上も壊れずに建っている建物や寺院がある。その美しさよりも、防災の優れた点が際立っている。

迅速な対応も大きな要素だ。災害発生時には、日本政府と地方自治体が迅速に緊急対応体制を立ち上げ、警察や消防、自衛隊などが協力して救助や避難活動を行う。

また、民間のボランティア団体や地域住民も積極的に支援に参加し、迅速な救援活動が行われる。

もちろん、防災に加えて、災害が起きても略奪が起きないという高度なモラルも絶賛されている。このモラルも含めて、防災大国だ。

科学技術の進展も重要だ。

津波対策として防潮堤や避難場所の整備、津波警報システムの充実が進んでおり、津波による被害を最小限に抑えることが目指されている。

気象衛星の進化による高度な気象予測技術も海外から驚かれている。気象庁の高度な気象予測技術により、台風の進路や強度を事前に把握できるため、適切な避難勧告や避難手順が行われ、被害を最小限にすることができる。沖縄の人々は台風を避けるのではなく、気象の一現象として受け入れているし、鹿児島の人々は桜島の噴火を生活の一部としている。早期警戒システムも海外では類を見ないほど進化しており、地震や津波の発生を即座に警告する体制が整っている。

危険ではあるが安心できる国。それがインバウンドにとってどれほど大切かは、訪問者が減らないことでわかる。リスクが多いのは仕方がないが、風林火山の国であり、海や川に囲まれているおかげで美しい自然があふれている。そして、いざという時の安全と安心も提供している。

日本にいると当たり前で気が付かないことが実はインバウンドで大切なことなのである。

永遠の命と若さが秘められている（そして美も）

かつて、古代中国では東の海の向こうにある蓬莱の国に永遠の若さの秘密があると言われていた。

日本人は同年代の海外の人たちと比べて、全体的に若々しく見えるし、健康でもある。

この日本人の特徴は世界でも研究されているが、いくつかの要素が組み合わさっていると考えられている。

日本の美味しい軟水もその一因だけど、高温多湿の気候や、魚や豆腐などの健康的な食事、海藻や緑茶などの抗酸化物質も関係しているだろう。

遺伝子的にも若さが保たれていると言われている。

２０２０年の世界各国の平均寿命で、日本は女性が87・74歳、男性が81・64歳で、世界保健機関（ＷＨＯ）加盟国の中では、女性が1位、男性が2位となった。

アメリカと比較すると、女性は80・2歳、男性は74・5歳。アジアの他の国々と比べても、日本は際立っている。

２０２０年の中国の平均寿命は女性が79・4歳、男性が75歳、韓国では女性が79歳、男性が73歳と、日本とは大きな差がある。

２０１８年には鳥取県で開催されたマスターズ陸上で、１０５歳の秋山幸二さんが走ったことで、世界が驚いた。

日本の健康、美、若さが次世代のインバウンドのキーワードになることは間違いない。

日本食は米や魚、野菜などのバランスが良く、塩分や脂肪が少ないため、心臓病や糖尿病などの生活習慣病の予防に効果的だ。特に魚に含まれるオメガ３脂肪酸は、血液をサラサラにし、皮膚や髪の健康にも良いとされている。

また、日本食には発酵食品や海藻が多く含まれており、これらは腸内環境を整えたり、免疫力を高めたりする効果がある。

発酵食品に含まれる乳酸菌や納豆菌などの善玉菌は、老化の原因となる活性酸素を除去し、ホルモンバランスを整える働きがある。旬の食材を使ったり、色や形、味を工夫することで、五感を刺激し、食欲を増進させる。これも若さの秘訣だ。

さらに、日本食は小皿に盛り付けたり、箸で一口ずつ食べたりすることで、咀嚼回数が増え、満腹感が得やすくなっている。これにより、消化吸収が良くなり、過食を防ぐ効果がある。

日本家屋も若返りに貢献していると言われている。

日本家屋は夏を快適に過ごすために設計されており、直射日光を遮る縁側の長いひさし、南北に大きく開いた間口、柱を梁でつなぎ壁を減らした構造、細かく仕切ることも全て開放することもできる障子など、風を通す工夫が随所に見られる。これにより、室内温度を調整し、熱や湿気を逃がすことができる。

さらに、日本家屋は木造であることが多く、木は自然素材として人に安心感や癒しを与える。木は呼吸する生き物で、空気中の水分や二酸化炭素を吸収したり放出したりして室内環境を整える。また、木には抗菌作用や消臭作用もある。

日本家屋は和紙や竹などの素材も使っており、それらも人に優しい効果を持つ。和紙は光をやわらげて目に優しく、竹は弾力性や耐久性が高く、軽くて丈夫だ。自然素材の中では精神的に安らぐことも大きい。

日本特有の高温多湿でありながら清潔な環境も大きい。高温多湿な国では清潔感がないことが多いが、日本はその両方を兼ね備えていると言える。

高温多湿な気候では、汗をかくことで体温調節ができ、血液循環や新陳代謝を促進する効果がある。さらに、汗に含まれるミネラルやアミノ酸は皮膚の保湿や抗菌作用にも役立つ。

高温多湿な気候は免疫力を高める効果もある。こうした環境に曝露されることで、白血球やリンパ球などの免疫細胞が活性化し、感染症やがんの予防につながる。また、ストレスを軽減する効果もある。高温多湿な環境は、セロトニンやエンドルフィンなどの神経伝達物質の分泌を促し、気分が安定し幸福感が高まる。

日本人の生活習慣も長生きや若さに関連している。

例えば、お風呂に入る習慣が長生きの秘訣とされる理由は以下の通りかもしれない。

お風呂に入ることで体温が上がり、血液循環や新陳代謝が良くなる。その結果、免疫力が高まり、感染症やがんの予防につながる。

また、筋肉や関節の緊張がほぐれ、疲労回復やリラクゼーション効果がある。

さらに、睡眠の質が向上し、ストレスやうつ病の予防にもなる。お風呂に入ることで皮膚の汚れや老廃物が落とされ、皮膚の健康が保たれる。湯船に浸かることで水圧によるマッサージ効果や浮力による体重負担の軽減もある。

美容的にもお風呂は肌をきれいにする。

毛穴の汚れや角質も取り除ける。

重要なのは、人間には若返りたいという心理的な要求があることだ。誰もが年を取り、老いることで人生に対する満足度や意義が低下することがある。そうなると、「過去の自分に戻りたい」や「未来の自分に期待したい」という気持ちになる。

また、社会では若さが重視される傾向があり、仕事や恋愛の競争力を保ちたいという思いがある。若さは成功の象徴でもあるから、「若く見られたい」と誰もが思う。もしその答えが日本にあるなら、理由がない限り、日本を目指さない理由はない。

そこで、蓬莱の国があなたを待っている。

アニメはインバウンドの未来戦略だ

決して寺社仏閣を低く見ているわけではない。ただ、寺社仏閣は海外から来る人にとっては飽きることがあるし、宗教の違いから違和感を覚えることもある。それに対して、アニメはすでにその人の心に深く刻まれたものだ。

フランスの高級誌「フィガロ」によると、２０２２年にフランスで購入された書籍の約７冊に１冊が日本の漫画だった。

アニメのすごいところは、普通の観光地ならアクセスが良くないと人が集まらないのに、アニメの聖地として取り上げられると、どんな手段を使ってでも世界中からファンが集まることだ。アニメ「君の名は。」を観た人たちが飛騨に集まるのを見ると、また、「SLAM DUNK」を観た人たちが江ノ島電鉄の鎌倉高校前駅に集まるのを見ると、その熱量がよくわかる。ここでポイントなのは、こうした人々の中心が若い次世代であることだ。

この若い世代は、アニメの聖地だけを見に来るわけではない。そのアニメに出ていた日本の通学風景や祭りなどのライブ感を楽しみにしている。だから、普通の日常を経験することを喜ぶ。従来の観光客のように与えられた内容をただ受け入れるのではなく、自分で見つけた日本を心から楽しんでいる。そして、そのような層が日本を知ることで、日本のファンになるのが、インバウンドの本来の使命だと思う。

例えば、第二次世界大戦の影響で日本を許せないと感じる年代もいる。反日教育を受けたため、日本に行かない限り日本を理解することはなく、恐らく一生理解することはないだろう。そこに許しを得るためにかける膨大な労力と費用を、アニメは一瞬で若い力を取り込むことで実現した。

現在の日本は平均年齢が46歳になっており、若い力の取り込みや動きに対して年配の人々の反応が鈍い。例えば、次のアニメの聖地がいくつあるか知っているだろうか。もし下記を見て「こんなの知っている子供が変わっている」と思う大人がいるなら、その人は若い世代を理解していない。これくらいのことは、誰でも知っている。

東京都秋葉原・アニメ：『けいおん！』
東京都中野区中野ブロードウェイ・アニメ：『魔法少女まどか☆マギカ』
東京都三鷹市吉祥寺・アニメ：『となりのトトロ』
東京都立川市稲城市・アニメ：『ご注文はうさぎですか？』
神奈川県横浜市・アニメ：『STEINS;GATE』
京都府京都市・アニメ：『魔法少女リリカルなのは』
群馬県沼田市・アニメ：『のんのんびより』
神奈川県藤沢市茅ヶ崎・アニメ：『SLAM DUNK』
長野県松本市・アニメ：『涼宮ハルヒの憂鬱』
岩手県釜石市・アニメ：『おおかみこどもの雨と雪』
静岡県富士市・アニメ：『ラブライブ！』
静岡県伊豆市・アニメ：『俺の妹がこんなに可愛いわけがない』
奈良県天理市・アニメ：『アイドルマスター シンデレラガールズ』
石川県能登町・アニメ：『のうりん』
石川県金沢市・アニメ：『ハナヤマタ』
大阪府大阪市・アニメ：『おおきく振りかぶって』

福岡県福岡市・アニメ：『めぞん一刻』
愛知県名古屋市・アニメ：『ちはやふる』

面白いことにどのアニメが流行るかはお国柄もあるようで、アメリカでは「鬼滅の刃」「呪術廻戦」が２０２１年5月に過去のアニメの興行収入でコロナ禍に関わらず一位になった。フランスでは「NARUTO」が人気が高い。ヨーロッパでは少し芸術性が重視されるのか「魔女の宅急便」や「千と千尋の神隠し」が高い評価を得ている。

もちろん「ドラえもん」や「ポケモン」などは大人になった世代でも人気がある。

日本でもクールジャパン戦略として、アニメツーリズムやロケツーリズムとして自治体や政府主導で行われているが、的外れな動きが多いのはアニメを見ていないし、アニメのトレンドを知っていない。アニメのファンにアニメツーリズムとして、「ご当地のドリンクはいかがですか」と言っても誰も買うはずがない。

「ダンジョン攻略に疲れた君、ポーションはいかが」ぐらいは語って欲しい。

実際にサッカーや野球で日本が世界で一流になっているのにはアニメの力が大きかったというのを知っておきたい。

アニメは次世代のインバウンドの起爆剤なのだ。

医療ツーリズムの可能性を知ろう

医療ツーリズムと言っても、多くの人は単に各国が自国に患者として長期滞在者を招きたいという程度の理解しかしていないのが実情だ。でも、なぜ日本が医療の世界で頭一つ抜けているのか、その理由を理解する必要がある。

まず、先進国であるヨーロッパやアメリカ合衆国は技術がすごいのに医療が発達しきれていないことがある。その理由は宗教的な倫理観にある。最先端の治療である遺伝子工学の研究者が海外ではしばしば狂信的な宗教者に襲われることがある。「神の領域に近づくな」と脅されることが多い。

例えば、１９９９年にはイギリスで遺伝子組み換え作物の研究を行っていた農場が反対派によって荒らされた。２００３年にはイタリアで遺伝子組み換え作物の研究者が爆弾を送りつけられた。２００８年にはメキシコで遺伝子組み換えトウモロコシの研究をしていた大学教授が殺害された。２０１７年にはイタリアの遺伝子工学の研究者が反遺伝子組み換え活動家によって暴行を受けた。２０１９年にはフランスの遺伝子組み換え作物の試験場が破壊された。

しかし、日本には狂信的な宗教家がいないとは言えないが、海外の状況とは異なる。一つには、多神教の国で宗教的な倫理観よりも医学を優先させるからだ。だから、日本は今後、世界の医学の中心となるべく様々な治療が進むだろう。

医療ツーリズムのすごいところは、完全に長期滞在者になるところだ。そして、病院を退院した後も日本に在住する可能性が高い。医療ツーリズムに興味を持ってもらえたと思うが、日本がどの分野に強いか（２０２３年６月時点）を知っておく必要がある。

1　レジェノミックス（Regenerative Medicine）

レジェノミックスは再生医療の分野で、人間の細胞や組織を修復・再生する技術だ。日本では、ｉＰＳ細胞（人工多能性幹細胞）の研究が進んでおり、２０２０年には日本で初めて臨床研究が開始された。この技術は、心筋梗塞やパーキンソン病などの難治性疾患の治療において画期的な進歩をもたらす可能性がある。

2 ロボット手術

日本はロボット手術の研究と開発で世界をリードしている。ダビンチ手術システムなどの先進的なロボットを使用して、より正確で安全な手術を実施することが可能。ロボット手術によって、がんや心臓手術などの高度な手術の成功率や患者の回復期間がかなり改善された。

3 精密医療（プレシジョンメディシン）

精密医療は個々の患者の遺伝子や病理学的特徴に基づいて治療法をカスタマイズするアプローチだ。日本ではがんの遺伝子解析や個別化治療への取り組みが進んでおり、患者に最適な治療法を提供するための研究が行われており、がん標的ができるようになった。

4 デジタルヘルスケア

デジタルヘルスケアは、テクノロジーを活用して健康管理や医療サービスの提供を改善する取り組みだ。日本では、スマートフォンアプリやウェアラブルデバイスを活用した健康モニタリング、遠隔医療、医療データの管理などの研究が進んでいる。

5 脳科学

日本は脳科学の研究においてもリードしている。

例えば、脳機能の解明や脳疾患の治療法の開発に向けた研究が進んでいる。また、脳マッピング技術や脳‐機械インターフェースの研究も盛んだ。

6　先進的な医療技術

日本はさまざまな先進的な医療技術の研究と開発で世界をリードしている。

例えば、人工臓器の開発やナノテクノロジーを用いた治療法の研究、新たな医薬品やワクチンの開発は日本ならではである。

7　高齢社会における医療・介護

日本は高齢社会を迎えており、高齢者の医療や介護に関する研究も重要となった。

例えば、高齢者向けの医療・介護ロボットの開発や、高齢者の認知症予防や治療に関する研究が進んでいる。

8　感染症対策

日本は感染症対策の研究も盛んだ。

例えば、新興感染症や抗微生物耐性の問題に対して、新たな治療法や予防策の開発が行われている。

9　ガン研究

日本ではがんの研究が盛んに行われており、がんの早期検知や新たな治療法の開発に向けた取り組みが進んでいる。特に、がんの遺伝子解析や免疫療法、画像診断技術の進歩などが注目されている。

10　先端画像診断技術

日本は画像診断技術の研究と開発においてもリードしている。高性能なＭＲＩ（磁気共鳴イメージング）やＣＴ（コンピュータ断層撮影）などの画像診断装置や、画像解析技術の進歩により、病気の早期発見や正確な診断が可能である。

11 高度な外科手術技術

日本は高度な外科手術技術の研究と実践においても世界的に評価されている。例えば、マイクロサージェリーや超音波切開手術、内視鏡手術など、より安全かつミニマルに手術を行うための技術が開発されている。

12 創薬研究

日本は創薬研究においてもリードしており、新たな医薬品の開発に取り組んでいる。特に、抗がん剤や神経変性疾患の治療薬の開発において重要な成果を上げている。

13 医療ロボット

日本は医療ロボットの研究と開発においても世界をリードしている。例えば、介護ロボットや手術支援ロボット、リハビリテーションロボットなど、様々な分野での医療におけるロボット技術の活用が進んでいる。

医療ツーリズムは個人でできるものではないかも知れないが人類の未来にもつながることなのでインバウンドの重要な要素だ。

第6章　インバウンド時代に求められること

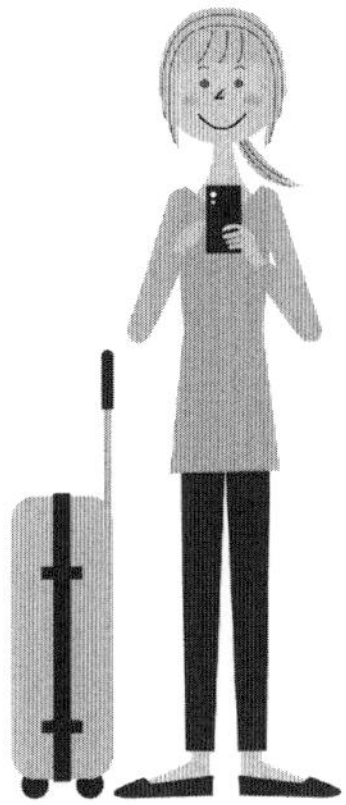

目を見て話をする

「えっ、そんな簡単なことを書くのか」と思うかもしれないが、それができていないから書くのである。

海外の人は相手の目を見て話をする。目力に負けそうになることもあるが、日本人はうつむいて話したり、書類を指さして話したりして、相手と向かい合うのを避けることが多い。

目を見ながら話すと、冗談なのか本気なのか、どのくらい本気で言っているのかがわかる。

一方、目が合わないと、電話で話しているのと同じ程度の繋がりしか感じられない。関西の人たちは、相手の目を見て話すことが多いので、外国人と気が合いやすいのはこの部分だと思う。

海外ではアイコンタクトはコミュニケーションの基本だ。最初に興味や関心を示し、次に信頼や尊敬の気持ちを確認し合う。そして感情を伝える。逆に目を見ないと、相手に失礼や不快な印象を与えたり、自信がない人と思われることが多い。

もちろん、日本人が目を合わせないのは、古くから目上の人や知らない人とは目を合わせないマナーがあったためだ。また、自分の感情や意見をあまり表に出さない傾向もある。

しかし、SNS時代になってからは、実際に会うときに初めてアイコンタクトができるわけで、その役割が際立ってきた。だから、アイコンタクトは特に重要視される。それは友達同士だけでなく、ビジネスの場や買い物の途中でも同じだ。

目を合わせないことは消極的や奥ゆかしいと思われることが多いが、インバウンドからすると、目を合わせないのは何かやましいことがあるからだと考えがちだ。

目を合わせずに食事代を出されると、騙されているのではないかと不安になることもある。そうでなければ、自分に興味がないから目を合わせないと理解されることもあるし、さらに自分が日本人に不快にさせたのではないかと心配される。

アイコンタクトを覚えるのは難しいことではなく、気持ちの問題だ。それに慣れて欲しい。以前、日本に帰国したとき、学校で先生の目を見て授業を受けていたら、授業後に先生に呼び出されて「何か先生に言いたいことがあるのか？」と言われて驚いた。自分が見るだけでなく、見られることにも慣れて欲しい。

色々なコンタクトの方法があるが基礎の基礎は以下なので、まずは知っておこう。

●フルアイコンタクト

相手をじっと見つめる。これは自信や真剣さを表したり注意を引く場合に使う。感情光線を送ったりする。

●ソフトアイコンタクト

目を合わせながらも、時折目をそらしたり視点を交差することで感情的でない理性的な挨拶としてビジネスや目上の人などへの敬意を表す。

●グランシング

ちらっと短い時間だけ相手を見ることで、来たよとか、宜しくなどの多くの場合に使うことが多い。

ここに各国のジェスチャーが加わると様々な表現が生まれるがまずはアイコンタクトを心がけよう。

年齢による分別を捨てよう

仕事でインバウンドに接している人たちは、総じて若い。見た目が若いわけではなく、心が若いからだ。どうしてそうなるかというと、インバウンドから刺激を受けて「年齢だからできない」といった気持ちがなくなるから。

海外の人が日本に来ると、柔道やダイビング、気球に乗りたいなどのリクエストがある。年齢に関係なく挑戦してくる。

対して、日本では遊園地に行っても、子供たちがジェットコースターに乗っているのに親は下からカメラで撮影しているだけで、自分たちは大人だから乗れないと恥ずかしがっている。

欧米では定年後に大学に入りなおしたり、バスケットボールのコートで若い人に挑戦したりする人が多い。

アメリカやイギリス、カナダでは定年制度が廃止されており、年齢を理由に従業員を解雇することはできない。

ただし、公共交通機関や警察官、消防士などの職業には定年制度がある。アメリカでは、リタイア年齢を自分で決めることができる。平均的なリタイア年齢は62歳だが、研究を楽しんでいる教授は70歳を過ぎても働き続けている。

日本では、ある程度の年齢になると定年になり、その後働きたい人は嘱託として給与も地位も下げられた状態で続けるしかない。辞めた後は趣味で過ごすことが多い。

ドイツやフランスなどのヨーロッパ諸国も似た部分があるが、定年年齢と年金受給年齢がリンクしているのが一般的だ。

例えば、ドイツでは65歳が実質的な定年となっているが、在職中の休暇の取り方が大きく違う。

ヨーロッパでは、ほとんどの国で最低でも4週間の休暇が保障されている。国によっては5週間以上の休暇を取ることもでき、土日や有給休暇を合わせると2～3ヶ月の休みが簡単に取れる。そして、その期間を利用して大学に通ったり勉強したりする人も多い。

一方、日本では労働基準法で年間10日の有給休暇が定められているが、実際には平均して9・3日しか取得していない。

学校の夏休みもヨーロッパに比べて短く、約40日間だ。ヨーロッパでは、6月上旬から9月上旬までの約3ヶ月が休みで、イタリアやスペインではバカンスを楽しむ人がたくさんいる。この時期に多くの若いバックパッカーが日本に来るのもそのためだ。

日本人は自由な過ごし方が下手で、自分たちができないことは他の国の人もできないと思い込みがちだ。

老人だからバンジージャンプを誘わず、寺社仏閣ばかりに誘うことが日本のサービスでは平気で行われている。

若者向きのデートコースを年配の人に案内しないことも多い。しかし、欧米では夫婦でも平気でデートを楽しむ。

定年だから奥さんを置いて一人でバイク旅をするのは日本人の特徴かもしれないが、その価値観をインバウンドに当てはめると顧客のニーズを見誤ることになる。

一方で、若い人でも盆栽が好きだったり、日本の若者が興味を持たない詩吟を習いに来たりすることもある。そうしたことを受け入れ、門戸を広げる必要がある。

経済を読む能力を身に付ける

日本に住んでいて円しか使わない生活をしていると、為替によって通貨がどのように動いているのかが、自分たちの物価の物差しでしかわからない。

２０２３年６月の日本の現状で言うと、２０１１年10月に１ドル＝75円32銭だったのが、今は１４５円前後で推移している。つまり、海外から見ると、日本の物価はここ10年で半額になったことになる。

逆に、日本に出稼ぎに来ていた日系ブラジル人は激減した。コロナの影響もあるが、大きな理由は給与が日本円でもらっても10年前の半分になったからだ。

ブラジルの例を挙げると、２０１３年のブラジルの平均給与は２８９１レアル／月だった。これは当時のレートで約13万円に相当する。ただし、ブラジルでは地域や職種によって給与に大きな差があり、一般的には月に８００レアル～１５００レアルで生活している人が多いと言われていた。つまり、月収は約４万５千円で、年収は約54万円だった。

日本に来れば、３カ月もすればその年収を稼げるため、多くの日系ブラジル人が押し寄せていた。しかし、10年経った今、ブラジルの平均給与は年間27万５１４５レアルとなり、最も一般的な収益は15万９６００レアルだ。これは日本円に換算すると約５５０万円と約３２０万円に相当する。つまり、ブラジル人が減ったのは、経済的な理由が大きいのだ。

このような変化は、時代の流れを経済で読み解くことで予測できる。経済を読み解く力があれば、インバウンドの流れも予測できる。

経済を読むとはどういうことか、１つ例を挙げよう。

円高の動きを読むためにアメリカの公定歩合の動きを見るとわかりやすい。ＦＲＢ（連邦準備制度理事会）の動向は、経済ニュースで毎日のように取り上げられている。

通常、アメリカの公定歩合が上昇すると、ドルの金利が引き上げられる。

これにより、ドルを保有する魅力が高まり、需要が増える可能性がある。需要が増えればドルの価値が上昇し、円高の傾向が見られる。

一方、アメリカの公定歩合が低下すると、ドルの金利も引き下げられる。これにより、ドルを保有する魅力が低くなり、需要が減少する可能性がある。需要が減ればドルの価値が下がり、円高の傾向が現れる。

それ以外にも要素は多いが、最近では大きな事件が起こると円高になる傾向がある。世界的な金融不安やテロ・災害などの衝撃的なニュースがあると、投資家はリスク資産から安全資産へ資金を移す。円は安全資産としての地位が高いため、リスク回避の際には円買い・外貨売りが進む。これが円高につながる。

ただし、各国の金融政策も見逃せない。円高を避けるために、為替介入の可能性が出てくる。為替介入では、円売り・外貨買いが行われ、円安を誘導することになる。ただし、この介入は一時的には効果があるが、長期的には市場の力に逆らうのは難しい。

もちろん、ブラジルのように各国の経済状況も大きな影響を与える。

例えば、ブラジルで言えば出稼ぎの人は明らかに減ったけど、将来的には豊かになったことで長期滞在者として観光やビジネスで日本に来る人は増えるだろう。だから、インバウンド戦略の見直しが重要になる。

決済の面でも、為替レートだけでなく、他のハードルもある。

例えば、国によっては送金制限がかかっている。送金額が一定額以上になる場合や、特定の目的（例：投資や不動産取引）のための送金には制限があることがある。

２０２３年６月現在、ロシア、ベラルーシ、ラトビア、ウクライナ、トルコ、ナイジェリア、ポーランド、タジキスタン、ソマリア、シリア、イラクへの送金や入金には事前審査が必要になっている。

ちなみに、送金不可の国は北朝鮮やイランだ。

もちろん、情勢が変われば制限も変わることがある。

また、国が送金を認めていても、銀行が独自に限度額を設定している場合もある。

例えば、Bank of America では個人が１０００ドル、スモールビジネスが５０００ドル、Chase が５万ドル、Wells Fargo が５０００ドルといった具合だ。

送金手数料のトラブルもよく聞く。送金手数料は複数の銀行が取るため、発生することがある。これを避けるためには、インバウンドで送金が見込まれる事業を考えている人は、ＷＩＳＥのマルチカレンシー口座を利用するのが良い。米ドル、英ポンド、ユーロなどの該当10通貨を手数料無料で外貨のまま受け取ることができる。これは、ＷＩＳＥを利用して日本にいながら現地の銀行口座情報を取得できるからだ。

例えば、米ドルを受け取りたい場合、アメリカの銀行口座情報を取得して、アメリカの現地口座を持っているかのように送金を受け取ることができる。

さて、日本人は金融に対する感度が低いのではないかと思うことがある。

例えば、外貨しか持っていない外国人に銀行を案内している姿をよく見かける。

「両替してあげないのですか？」と聞くと、「うちは両替商の資格を持っていないから」と答えるのが常だが、これが間違いだ。両替商のライセンスは現在は不必要で、平成10年の外為法改正により、両替業務を行う場合には財務大臣の認可や事前登録が不要となった。ただし、両替業務の1か月の取引合計額が１００万円を超える場合には、その内容を財務大臣に報告する必要がある。つまり、１カ月１００万円以内なら積極的に両替できるのだ。

多少の手数料を取っても良いだろうし、ニーズがあって困っている人がいるのだから、両替してあげるのが親切というより常識だ。日本人は「できることだけ親切にして、できないことは避ける」傾向がある。

英語で話しかけられると、内容を聞かずに顔の前で手を振って去っていく姿と何が違うのか、それでインバウンドをやりたいと言うのか疑問だ。

ともかく、バーコード決済が主流の中国などが押し寄せてくる中で、決済、為替、送金の全てにおいて経済を読み解き、活用できるようになっておきたい。

インバウンドは大きな輸出産業だ

インバウンドの活用の破壊力について、皆さんは実体験しているだろう。

２０２４年になり、日本のＧＤＰはドイツに抜かれて４位に落ちた。少子高齢化社会で、生産を生まない高齢者が増え、総人口１億２５５０万人（２０２４年１月）のうち65歳以上が３６２１万人を超え、人口比で28・９％の社会となった。

２０２３年から２０２４年にかけて、日本の経済には暗い予想が広がっていた。しかし、２０２４年に入ると、日本経済は物価の上昇を賃金の上昇が上回り、景気の好循環が突然始まった。２０２４

年3月22日の東京株価市場では、日経平均株価が4万８８８円43銭となり、史上最高値を更新した。この予想を覆す動きで最も貢献したのが、インバウンドの成長だった。

２０２４年の成長は、２０２３年の経済動向の結果として現れた。つまり、２０２２年と２０２３年の違いは、インバウンドの復活だけだ。

２０２３年5月以降、コロナが5類に引き下げられたことを受けて、インバウンド産業が急成長した。最終的には２５００万人が来日し、5月から回復したインバウンド市場の消費額は約5・3兆円に達し、過去最高となった。

海外から来る人たちが口を揃えて言うのが「安い」という日本の物価だ。円が安くなったことで、海外からの旅行者はさらに消費しやすくなっている。

体感的な価格を知るためによく使われるのが、マクドナルドのビッグマックの価格だ。日本では４５０円で、スイスの１０９８円（1位）、アメリカの７９８円（7位）、韓国の５８０円（31位）と比較してもかなり安い。驚くべきことに、中国の４９７円（40位）よりもさらに安い。

このように、日本はアフリカやインド並みに物価が安くなり、ショッピングの波が押し寄せた。インバウンドは輸出産業の一部と見なされ、この5・3兆円は、自動車産業の17・3兆円に次ぐ規模で、半導体産業と同じくらいの重要性を持つ。２０２３年のインバウンド市場は5月からスタートしたため、２０２４年には確実に半導体市場を追い越し、単独の2位になると予想されている。

半導体市場の拡大のために、日本政府は台湾の半導体企業ＴＳＭＣ（台湾積体電路製造）の熊本工場誘致に、１兆２０００億円の補助金を出した。半導体市場は政府の国策で守られている５・３兆円市場だ。それに対して、インバウンド市場は補助金なしで自然に爆発的に成長した。このインバウンド市場の拡大が、日本経済の停滞を食い止めた。

拡大解釈すると、現在の賃金回復基調は、インバウンドのおかげであるということを世間は認識すべきだ。国家の関与なしで進んだため、その貢献度の大きさには皆が気付いていない。

実際には、インバウンド庁を作る価値があるのではないかとも思えるほどの活躍ぶりだ。

今のインバウンド時代に、日本の輸出産業の第２番目の産業にまで発展したインバウンドはさらに拡大の方向が止まらない。この力を上手に扱うことができるか、成長の促進剤にできるかどうかはいかにインバウンドを知るかに尽きる。

その一助にこの本が位置づけてもたえるのであれば幸いだ。

あとがき

インバウンドというテーマを、自分なりの手法で活用できるように、さまざまなレシピや材料を盛り込みました。結果的に分量が多くなりましたが、すべてにエッセンスがありますので、今後の活動に役立てていただければ幸いです。

たくさんのインバウンド関連の書籍の中から、この本を手に取っていただき、ありがとうございます。観光や寺社仏閣、日本の見どころについては他の本に任せ、エッセンスを絞って書きました。コロナ前は人が増えるだけで健全なインバウンドの成長ができていなかったため、コロナで壊滅的な状況になった部分もあります。今後は長期滞在者やリピーターの育成が重要になるので、参考にしてください。

執筆していく中で、本を出すタイミングが難しいことを実感しました。コロナ前から書き溜めていましたが、コロナ前後でインバウンドに対する期待感や恐れ

が変わったため、その部分を加筆修正しました。また、新たな時代に備えた内容も追加しています。「アフターコロナ」というテーマも取り入れ、コロナに関するリスクについて理論的にまとめました。

コロナの間に、多くのインバウンド業者が倒産や職替えを経験したのは、本当に心が痛みました。もっと早く本を出していればよかったと思います。

グローバル化やＩＴ化が進む現代で、インバウンドの火が消えることはありません。そこは安心してください。

この本を最初から最後まで読み切っていただくのも良いですし、自分に関連する部分だけを切り取って読んでも理解できる内容になっています。

必要があれば、出版社を通じてコンサルティングも行っていますので、遠慮なく声を掛けてください。インバウンドの発展が、本書の目的です。そして少子高齢化という問題を抱える日本が今後発展するための礎になります。

読後の感想や「こんなことを書いて欲しい」という意見も、インバウンド本の改訂版に反映させていただきます。ホテル業や観光業だけでなく、他の業種でインバウンドを活用したいと考えている方も、お便りをお待ちしています。

www.jvb.co.jp

最後まで読んでいただき、ありがとうございました。皆さまの今後の発展を祈念し、ここで失礼します。

高橋フィデル

インバウンド対策　完全マニュアル
読者サロン

https://x.gd/qfRGv

インバウンド対策 完全マニュアル

2024年　4月6日　初刷発行
2024年10月6日　2刷発行

著　者　高橋 フィデル
編集人　宮﨑 博
編　集　秋葉 杏
発行人　高橋 フィデル

発行所　JAPAN VISITORS BUREAU（株式会社ジェイブ）
〒206-0002　東京都多摩市一ノ宮1丁目7-4
SKYガーデンコート聖蹟1号棟
TEL：042-401-8666　FAX：042-401-8008
http://www.jvb.co.jp
　ISBN978-4-908166-30-3